再升級

塔羅牌解讀技巧 與 牌陣祕訣

拓展你的塔羅視野

U0088507

前言

本書以亞瑟・愛德華・偉特（Arthur Edward Waite）所監製，世界上最普及的塔羅牌「THE RIDER-WAITE TAROT DECK」（萊德偉特塔羅牌）為藍本，引領大家精通隱藏於塔羅牌當中的深奧涵義，以及如何解讀的祕訣。

偉特（1857～1942年）是位充滿神祕色彩的學者，他在研究傳統占星術及魔法時，著重於猶太教的神祕哲學卡巴拉，並創立黃金黎明協會（Hermetic Order of the Golden Dawn）此一祕密社團，奠定了今日塔羅牌的意義。在他退團後，便推出了這款對照占星術，並融入卡巴拉等神祕思想於圖案中的萊德偉特塔羅牌。有別於之前的馬賽版等塔羅牌，這是第一款帶有小阿爾克那圖案的塔羅牌，因而引發了一股熱潮。

若想提升你的塔羅牌占卜解讀技巧，記住牌的涵義十分重要，但是能夠進一步解讀圖案更為重要。因此，在神祕圖案中蘊藏了古老智慧以及哲學奧祕的萊德偉特塔羅牌，對於塔羅牌占卜的新手，或是高手想要深入解讀時，都是最適合的一款完美塔羅牌。

本書會提供許多訣竅，以便大家解讀圖案及意象的訊息，讓大家可以獲得靈感。書中會為大家介紹實用的解讀技巧、牌陣祕訣，以及與古代智慧的連結。

書中介紹的關鍵詞，大家無須拘泥於正逆位的框架，請試著盡情解讀看看。透過由此獲得的創意、充滿智慧的高度解讀力，就算使用萊德偉特塔羅牌以外的卡牌占卜時，也會受用不盡。相信本書將成為一本特別的指南書。

▲萊德偉特塔羅牌

1910年由萊德（Rider）出版商首次出版。共78張塔羅牌均由帕梅拉・科爾曼・史密斯（Pamela Colman Smith）女士負責插畫，如今許多塔羅牌都是根據萊德偉特塔羅牌的圖案設計而成。

▶「正位牌×逆位牌的關鍵詞！」…根據塔羅牌的正逆位進行占卜時，牌義會產生錯綜複雜的變化。基本上逆位牌會削弱正位牌的涵義，或是出現相反的解釋，但會因牌而異。可學到在實際占卜時會用的八個重要單詞。

▶「這裡才是重點！」…可學到從圖案浮現出來的解讀重點。

▶「解讀的技巧就在這裡！」…可學到依照每個占卜主題變化解讀方式的技巧。

▶「提示！」…理解大阿爾克那的排列加上靈魂成長過程，可學習解讀正逆位牌的技巧。藉由圖案的解釋，也可闡明不同塔羅牌的逆位牌會導致情況惡化，或是出現良性發展的理由。

▶「升級的關鍵」…將塔羅牌對照卡巴拉及占星術等古老智慧，深入理解不同的差異。

▶「多重建議」…可學到在實際占卜時該張塔羅牌的特別解讀方式。

▶「額外註解」…可學到有益的知識，更能深入理解塔羅牌。

▶「除此之外！」…從塔羅牌反映出來的各種觀點及神話當中，了解該張牌的主題。

專門用語

· **奧祕（Arcane）**…在拉丁語中的意思是「神祕」、「奧祕」。塔羅牌一般分別由 22 張大阿爾克那（Major arcana）與 56 張小阿爾克那（Minor arcana）所組成。

· **牌組（Suits）**…組成小阿爾克那的四個牌組。分別為權杖（Wands）、聖杯（Cups）、寶劍（Swords）、錢幣（五角星 Pentacles ／金幣 Coins），各個牌組有 14 張牌。每一個牌組分別代表構成世界的四種能量元素（Element）＝火、水、風、土。

· **數字牌（Numeral cards）**…各組的 1（Ace）～ 10 共 10 張牌稱作數字牌，1 標示成 Ace。全部共 40 張牌。

· **宮廷牌（Court cards）**…各組由4張牌組成，侍衛（Page）、騎士（Knight）、皇后（Queen）、皇帝（King）稱作人物牌。全部共16張牌。

· **牌陣（Spread）**…展開塔羅牌的意思。另外也意指布局方法。

· **牌堆（Pile）**…一堆牌的意思。另外「Deck」則代表一副牌。

· **正位牌（Upright）**…從占卜者的角度來看，現場出現的牌為上下正確擺放的狀態。

· **逆位牌（Reverse）**…從占卜者的角度來看，現場出現的牌為上下顛倒擺放的狀態。

· **神諭（Oracle）**…天意、預言的意思。單張牌陣表示抽一張塔羅牌的占卜法。

· **卡巴拉（Cabala）**…猶太教的神祕哲學，直譯為「接收」，意指「透過大師口耳相傳神所傳授的智慧」。

· **生命之樹**…用於猶太教傳統神祕主義哲學卡巴拉（Cabala）當中，顯示神的創造過程，呈現我們回歸神聖世界歸途的一張圖。客觀展示了宇宙中的運作原理。

目錄

CONTENTS

第 I 章
解讀大阿爾克那的關鍵

　　塔羅牌通常由78張牌組成，分別為22張大阿爾克那和56張小阿爾克那。22張大阿爾克有標記編號和名稱，包含1［魔術師］到 21［世界］，還有0［愚者］，美麗的圖案為其一大特色。萊德偉特塔羅牌是依據占星術的概念，將8用［力量］、11用［正義］加以取代，有別於馬賽版等傳統的塔羅牌。

　　在實際占卜時，大阿爾克那代表命運中的事件，以及心靈成長的過程（右頁），屬於解讀的核心。另外僅使用22張大阿爾克那的占卜法也十分流行。好好了解神祕圖案背後所隱藏的深層涵義及奧祕，盡情運用塔羅牌中舉足輕重的大阿爾克那吧！

對應生命之樹「四個世界」的大阿爾克那牌組

萊德偉特塔羅牌對應卡巴拉生命之樹，大阿爾克那對應生命之樹的22條路徑（Pass，於本書各頁與第121頁皆有圖解說明）。另外22張牌如下圖所示，「四個世界」為原型界、創造界、型塑界、物質界，區分成四種靈性世界的領域。

生命之樹

Kether
王冠

Binah
理解

Chokmah
智慧

Daath
知識

Geburah
判斷

Chesed
慈愛

Tiphareth
美

Hod
反響

Netsah
永遠

Yesod
基礎

Malkuth
王國

原型界（神性界）…神聖能量流出的神聖世界。　▶　0　[愚者]

創造界（靈性界）…靈性能量的世界；靈魂的世界。　▶　21　[世界]
〜
15　[惡魔]

型塑界（心理界）…心理能量的世界；思想的世界。　▶　14　[節制]
〜
8　[力量]

物質界（製造界）…身體能量的世界；有形的世界。　▶　7　[戰車]
〜
1　[魔術師]

大阿爾克那代表了來自神性世界的靈魂回歸神身邊的過程。這段心靈成長階段可應用於四個世界。了解心靈成長就能得知大阿爾克那內含的奧祕，以及負面牌中蘊藏的真正訊息，讓你在實際占卜時可以深入解讀。

魔術師
I

嘗試新創意

桌子上擺著構成物質世界四大要素的象徵物品。將這張牌握在手中，想像自己成為天地之間的地上世界（人類世界）創世主。雖然工具已經備妥，但是尚未拿到手。意指還處於想法的階段。

第I章 —— 解讀大阿爾克那的關鍵

THE MAGICIAN.

Check①
魔術師頭上畫著無限大的符號∞。
▶ 無限的聰明才智從天而降，引發創造力的連鎖效應。

Check②
魔術師（人類）站在桌前，指向天（神的世界）與地（物質的世界）。
▶ 意指地上世界（人類世界）的知識活動。

Check③
桌上擺放了權杖（火）、聖杯（水）、寶劍（風）、錢幣（土）。
▶ 表示工具準備齊全，已經做好準備了。

Check④
天上有玫瑰，地上有百合和玫瑰爭相綻放。
▶ 昇華的意識降臨到人界，全新才能盡情奔放。

除此之外！
魔術師的原型就是煉金術士赫密士‧崔斯墨圖（Hermes Trismegistus），他能將不完美的物質轉化為完美。
運用智慧，利用自然界既有的事物，發明新的工具及技術，創造各種事物。

這裡才是重點！
魔術師總是充滿靈感。表現創意之後，又會再激發出新的創意。意味著擴大創意表現。

正位牌 × 逆位牌的關鍵詞！

| **正** | 開始 | 創造性 |
| | 有機的 | 靈巧 |

| **逆** | 發展遲緩 | 說謊 |
| | 狡猾 | 缺乏知識 |

解讀的技巧就在這裡！

如果是戀愛
- **正** 交談熱烈且相處愉快的戀情。積極表現出心裡的愛。適合告白。新戀情即將展開。對方話題豐富且十分風趣。年紀小的戀人。
- **逆** 缺乏溝通容易漸行漸遠。保持聯繫。沒有進展的愛情。不可用謊言來掩蓋。愛意冷卻了。不誠實。

如果是工作
- **正** 善用技術等專業知識及工具的工作會大獲成功。業務工作。技術職。善於表現富有說服力。適合簡報。銷售工作。
- **逆** 不適用小聰明。需要磨練技術。準備不足。工作或作業無法如願進展。留意口頭承諾。靈巧性差。

如果是其他事情
- **正** 開始一步步實現夢想。發揮想像力。發展。事情進展順利。開始執行的時機。靈巧。表現。
- **逆** 謊言會限制可能性。笨手笨腳也要保持誠實。需要動機。不得要領。賭博會事與願違。狡猾。被花言巧語所騙。

提示！
從塔羅牌的走向區分 正 逆 位！

發現魯莽的自己。
開始做準備。
THE FOOL.
0 愚者

正

明白自己需要理解。
THE MAGICIAN.
1 魔術師

逆

領悟高深的智慧。
THE HIGH PRIESTESS.
2 女祭司

升級的關鍵

來自古代智慧的關鍵詞

在生命之樹當中
對應王冠－智慧的路徑。
意味著靈光一閃。

在占星術當中
對應水星。意味著
才智、情報、旅行。

1 Kether 王冠
2 Chokmah 智慧
3 Binah 理解
Daath 知識
5 Geburah 判斷
4 Chesed 慈愛
6 Tiphareth 美
8 Hod 反響
7 Netsah 永遠
9 Yesod 基礎
10 Malkuth 王國

多重建議

重點在於這張牌出現在過去、現在、未來的哪個位置。比方說出現在未來的話，意味著有全新發展的機會，出現在過去的話，則意味著機會已經是過去式，或是命中註定會在那時候開始。

女祭司

接受並理解事物

黑白二根柱子，為猶太教所羅門聖殿的柱子。身著神聖藍衣的她佇立在神的入口處，是一名純真順從的天神新娘。這張牌意味著領受智慧必須保持純潔、接受一切。

第Ⅰ章 — 解讀大阿爾克那的關鍵

THE HIGH PRIESTESS.

Check①

畫著石榴籽以及椰棗的帷幔，隱藏著另一方的世界。

▶ 智慧及先進技術不會輕易顯露出來。

Check②

頭戴埃及女神伊西斯（Isis）的王冠，手持猶太法律書《TORA》。

▶ 表示具有智慧和才能的高貴女性，或是女性的母性。

Check③

身穿藍衣的女性，胸前抱著十字架，如同聖母瑪利亞一般。

▶ 代表童貞，表示單純接受一切事物的特質。

Check④

黑白二根柱子上頭寫著雅斤（Jachin）與波阿斯（Boaz）※的字首「J」和「B」。

▶ 代表神的愛和考驗，也意味著二種特質完美調和。

※所羅門聖殿兩根柱子的名稱。

除此之外！

石榴排列成「生命之樹」的形狀，椰棗這種植物據說是「生命之樹」為原型。「生命之樹」是得以解開宇宙、社會、人類的奧秘，這意味著學習高度智慧並接受它。

這裡才是重點！

儘管已經擁有較高的知識水平，但仍須保持肅靜、敏銳、善於接受，以獲得更高深的智慧，加深理解的程度。

正位牌 × 逆位牌的關鍵詞！

正
- 神祕
- 二元性
- 被動
- 學問

逆
- 潔癖
- 神經質
- 細膩
- 遠離塵世

解讀的技巧就在這裡！

如果是戀愛

正 不習慣談戀愛而無法好好表達心情。柏拉圖式的愛情。聽話又純潔的女性。樂於接受的態度。單戀。

逆 被動且缺乏吸引力的人。對戀愛或性感到自卑。排斥性愛。對愛情保持疏遠。性冷感。單身。

如果是工作

正 適合諮詢師這類善於接受一切的工作。可發揮協調員的才能。嚴守祕密的工作。學術性的工作。行政工作。護理師。支持的角色。

逆 被動又無趣的工作。或許對工作過於認真了。容易感到壓力而變得神經質。對工作以外的事情採保守態度。

如果是其他事情

正 感性而善於接受一切並能察覺到各種事情。關懷與為人著想。對神祕事物充滿興趣。以真誠的態度投入學習。感受性。

逆 厭惡世俗的一切。難以接近的氣氛。過於天真。無法商量煩惱的事。害怕受到傷害。封閉。潔癖。

提示！
從塔羅牌的走向區分 正 逆 位！

表達新的想法。

1 魔術師 THE MAGICIAN.

用包容的愛接受一切。

正 變得內向且封閉。 逆

2 女祭司 THE HIGH PRIESTESS.

向外界表達你的愛。

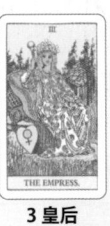

3 皇后 THE EMPRESS.

升級的關鍵

來自古代智慧的關鍵詞

在生命之樹當中
對應智慧—理解的路徑。
意味著神聖的秩序。

在占星術當中
對應月亮。意味著
被動、神祕、母性。

生命之樹圖：
1 Kether 王冠
2 Chokmah 智慧
3 Binah 理解
Daath 知識
4 Chesed 慈愛
5 Geburah 判斷
6 Tiphareth 美
7 Netsah 永遠
8 Hod 反響
9 Yesod 基礎
10 Malkuth 王國

多重建議

這張牌著重精神層面而非世俗的一切。比起物質上的滿足以及金錢利益，更重視精神層面與高度意識連結，所以代表個性並不擅長經濟活動或世俗事務。

III 皇后

體驗愛並充滿喜悅

在結實纍纍的麥穗當中，皇后穿著華麗服飾悠閒地靠在墊子上。背後描繪著森林，一條小溪流經其中，代表大地十分豐饒。愛的能量滿溢，滋養生命，豐富了這個世界。

第Ⅰ章 —— 解讀大阿爾克那的關鍵

THE EMPRESS.

Check①

王冠上有十二顆閃閃發光的星，象徵十二星座。 ▶ 男性能量從天上傾注到地上。

Check②

盛裝打扮的皇后，穿著畫滿石榴籽圖案的禮服。 ▶ 石榴象徵多子多福，意味著被人關愛與身懷六甲。

Check③

心形盾牌上畫有金星的符號。 ▶ 象徵保護所愛之人避免受到各種攻擊、強大的愛。

Check④

描繪著結實纍纍的麥穗、小溪與森林等豐富的自然風光。 ▶ 大地得到上天眷顧，美麗的世界出現在眼前。

除此之外！

代表母親的伊西斯是豐收女神，也是愛與美的女神阿芙蘿黛蒂（Aphrodite）。皇后是地母神的象徵。

意味著男性特質與女性特質的能量※透過愛相互交融，孕育生命。

※男性特質會在他人身上發揮作用。女性特質則是接受他人的影響。

這裡才是重點！

[皇后]是女性幸福的象徵。懂得男人的愛，女人就充滿美麗與愛。愛的能量會透過「有形之物」表現出來。

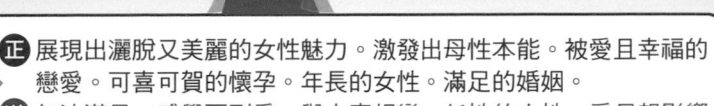

正位牌 × 逆位牌的關鍵詞！

正		逆	
豐富	母性	任性妄為	怠惰
繁榮	美的表現	執著	奢侈

解讀的技巧就在這裡！

如果是戀愛

正 展現出灑脫又美麗的女性魅力。激發出母性本能。被愛且幸福的戀愛。可喜可賀的懷孕。年長的女性。滿足的婚姻。

逆 無法滿足，感覺不到愛。與人妻相戀。任性的女性。受母親影響的戀情。為了錢而交往的關係。多情的女性。可怕的妻子。

如果是工作

正 合適與美容時尚相關的工作。發揮審美觀。生意興隆。女性領袖人物。與女性一起工作。育兒相關的工作。老闆娘。

逆 希望不用工作也能賺到錢。出賣身體。色情行業。八面玲瓏卻不工作的人。以眼前的利益為優先。好管閒事的人。

如果是其他事情

正 展現自己的魅力和美麗。放鬆。優美。美感。強調善良和溫暖。與母親的關係。母性。做家事和照顧孩子。

逆 煩惱與女性的人際關係。執著於年輕與美麗。唯美主義。裝作女王的樣子。欲求不滿。想法狹隘。八面玲瓏。厚顏無恥。肥胖。

提示！ 從塔羅牌的走向區分 正 逆 位！

需要解放自己。

表達被愛的喜悅。

2 女祭司

正

THE HIGH PRIESTESS.

對情慾與物質的執著。

3 皇后

逆

THE EMPRESS.

維持富足的力量。

4 皇帝

THE EMPEROR.

升級的關鍵

來自古代智慧的關鍵詞

在生命之樹當中
對應王冠－理解的路徑。
意味著恩寵。

在占星術當中
對應金星。意味著愛、
美、物質、女性特質。

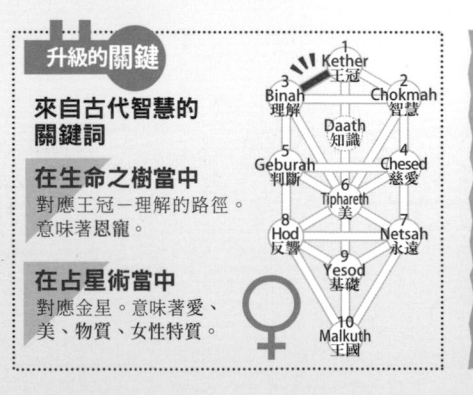

1 Kether 王冠
3 Binah 理解
2 Chokmah 智慧
Daath 知識
5 Geburah 判斷
4 Chesed 慈愛
6 Tiphareth 美
8 Hod 反響
7 Netsah 永遠
9 Yesod 基礎
10 Malkuth 王國

多重建議

〔皇后〕意味著世間所謂的「女性的幸福」。代表透過懷孕、分娩、婚姻而變得豐富的生活。但是這張牌可能代表個人的成就感和滿足感，而不是社會上功成名就。

POINT 4

皇帝 IV

在男性世界裡取得成功

他為了成為地上之王而奮戰。他身披鎧甲，表情嚴肅，表明他將繼續戰鬥，追求極致。然而在他背後如牆壁般矗立的岩山，意味著權力掌控的極限與徒勞無功的連續戰鬥。

第Ⅰ章 ── 解讀大阿爾克那的關鍵

THE EMPEROR.

Check ①
皇帝威風凜凜地坐在石椅上，石椅的四個角落都有公羊浮雕。
▶ 公羊是勇敢的象徵。穩定持有堅定自信與自傲的狀態。

Check ②
右手握著仿照金星的笏，左手抓著黃金。
▶ 笏象徵著權威，黃金意指擁有物質。

Check ③
白髮的皇帝身著紅衣與鎧甲。
▶ 經驗豐富的戰士。儘管年齡大卻依舊善戰的男性能量。

Check ④
在皇帝的背後，描繪著一座聳立的岩山。
▶ 暗示由〔皇后〕創造的富裕，會因戰事而損失。

除此之外！
背景的朱紅色與身著紅衣的皇帝，表示強烈的激情、陽剛的執行力、充滿魅力的領袖。
象徵著男性社會的成功、不可動搖的地位和權力，卻因為害怕敵人攻擊而無法脫下鎧甲。

這裡才是重點！
〔皇帝〕是一張代表男性能量的牌，為了佔有和掌控、為了獲得與維護愛情而戰。意味著男性的成功，建立社會榮譽及地位。

正位牌 × 逆位牌的關鍵詞！

正		逆	
地位	權力	權威	虛張聲勢
自信	父性	盛衰榮枯	老化

解讀的技巧就在這裡！

如果是戀愛

正 激發工作欲望的戀愛。試著向父親聊聊情人的事情。男性會正確運用性能量。對方是可靠的。

逆 掌控一切，以自我為中心的男性。用來排解孤獨的戀愛。家庭暴力。性功能有問題的男性。工作優先於愛情。輕視女性的男性。

如果是工作

正 社會上的成功。實力領先業界。發揮領導能力。獲得社會榮譽。對工作感到自豪。責任感。公司老闆。上司。

逆 一人經營的公司。無能的領導者。形勢嚴峻。舊體制及舊做法。職權騷擾。責任和壓力。

如果是其他事情

正 努力有回報而取得成功。立場的穩定性。堅定不移的信念。充滿自信且光明磊落的態度。與父親的關係。贏家。

逆 力量逐漸衰退。堅持舊觀念而動彈不得。放不下過去的成功。因自尊心或傲慢心而導致孤獨。老化。

提示！

從塔羅牌的走向區分正逆位！

尋求維持事物的力量。

3 皇后

男性的強大力量。

正

4 皇帝

逆

力量衰退造成的紛爭。

藉由思考得到平靜。

5 教皇

升級的關鍵

來自古代智慧的關鍵詞

在生命之樹當中
對應智慧－慈愛的路徑。意味著心胸寬大。

在占星術當中
對應牡羊座。意味著首領、開創、勇敢。

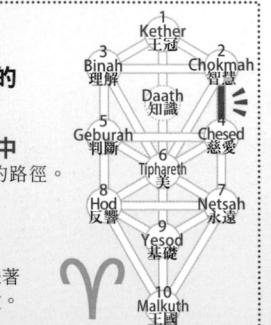

1 Kether 王冠
2 Chokmah 智慧
3 Binah 理解
Daath 知識
5 Geburah 判斷
4 Chesed 慈愛
6 Tiphareth 美
8 Hod 反響
7 Netsah 永遠
9 Yesod 基礎
10 Malkuth 王國

多重建議

意味著在社會上功成名就的一張牌。把心自問是否能為自己與工作負起責任。你能夠勇於奮戰爭取勝利嗎？成功來自於充滿熱忱，秉持信念，並為自己的做事方式感到自豪。

教皇

在引導下團結一心

教皇是天主教的精神領袖，通過耶穌基督的教義引領世人，從禍患中拯救他們，並獲得神的寵愛。修士袍上的不同圖案，表示這世上相互矛盾的事物，例如陰陽等會相互協調。

第Ⅰ章 ── 解讀大阿爾克那的關鍵

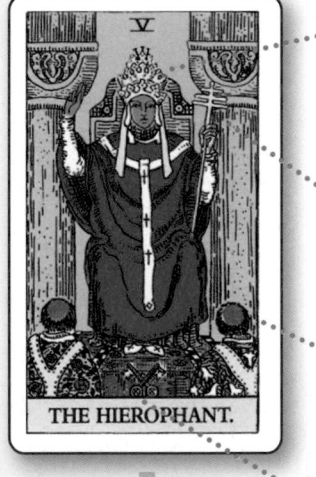

THE HIEROPHANT.

Check①

教皇頭戴的王冠為三重王冠，王冠共達三層。

▶ 意味著「天堂」、「煉獄」、「教會」，表示通往天國的過程。

Check②

教皇在祝福時手持的橫桿，為儀式中使用的教皇十字架。

▶ 表示人類得到上天的愛及眷顧。

Check③

由三個人組成的構圖，在教皇下方畫有二名傳教士。

▶ 象徵三位一體。代表三合一與團結力。

Check④

教皇腳下的鑰匙，是耶穌賜給彼得打開天國之門的鑰匙。

▶ 一個人透過相信愛並打開心房，就會獲得療癒，得到神的引導。

除此之外！

羅馬帝國的皇帝將基督教定為國教。即便 [皇帝] 的威權衰退，[教皇] 仍保有權威。
表示信仰的支配力比起武力的支配力更強大且持久。

這裡才是重點！

這張牌代表 mission（傳教與其使命）。誠如畫有三名人物的構圖所示，意味著在組織強大的團結力下帶來發展。

正位牌 × 逆位牌的關鍵詞！

正
- 傳導
- 援助
- 團結
- 儀式

逆
- 就事論事
- 無法尊敬
- 分散
- 懷疑

解讀的技巧就在這裡！

如果是戀愛

正 朝結婚邁進。經人介紹似乎會有不錯的邂逅。結識伴侶。適合將戀人介紹給親人。良緣。婚禮。

逆 雖然事情進展不順利，但是二人關係也不太可能破裂。談婚論嫁沒有任何進展。個性不合。合得來的關係。好色。

如果是工作

正 上下關係穩定、工作輕鬆的公司。優秀的指導者。醫生。肩負使命全力以赴的工作。藉由組織力取得成功。教育相關。宗教相關。

逆 不可靠的上司。不聽從指示的下屬。不團結的組織。不遵守工作規範。無法得到援助。老鼠會。瀆職。

如果是其他事情

正 遇到很好的老師。宗教相關的事情。組織內的活動。儀式。發送與傳達訊息。培育人才。打開心房的人。祝福。良心。

逆 不值得信任的人。偏心的老師。扭曲教誨及訊息。十分庸俗的人。濫用信任。精神控制。性騷擾。

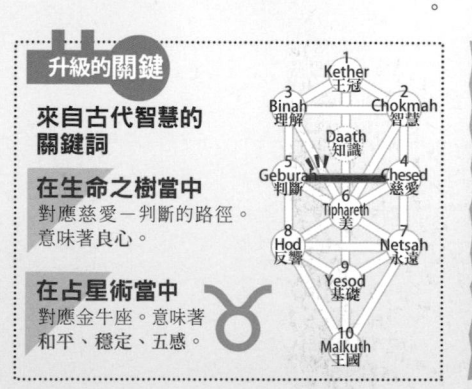

提示！ 從塔羅牌的走向區分 正 逆 位！

掌控物質社會的極限。

4 皇帝

正 在神的祝福下得到平安。

5 教皇

逆 神聖事物變得世俗。

沒有罪惡的愛情樂園。

6 戀人

升級的關鍵

來自古代智慧的關鍵詞

在生命之樹當中
對應慈愛－判斷的路徑。
意味著良心。

在占星術當中
對應金牛座。意味著
和平、穩定、五感。

1 Kether 王冠
2 Chokmah 智慧
3 Binah 理解
Daath 知識
4 Chesed 慈愛
5 Geburah 判斷
6 Tiphareth 美
7 Netsah 永遠
8 Hod 反響
9 Yesod 基礎
10 Malkuth 王國

多重建議

〔教皇〕是一張代表老師的牌。可由自己決定心目中的〔教皇〕是「○○老師」。占卜時若出現〔教皇〕，可以趁機向○○老師請教。其他牌也同樣可以用來代表固定人物。

戀人 VI

經由自由意志選擇的時代

描繪亞當與夏娃生活在伊甸園裡，天使正在守護著他們。這張牌表示在父母的愛和保護下過著自由的生活。由於他們完全赤裸，所以他們在吃下智慧果之前仍是神的孩子，一副無知且純潔的模樣。

第Ⅰ章 ─ 解讀大阿爾克那的關鍵

THE LOVERS.

Check①
描繪著大天使拉斐爾保護二人。
▶ 拉斐爾是智慧的天使。暗示智慧的神聖指引。

Check②
亞當看著夏娃，夏娃看著天使，正在呼喚什麼。
▶ 意味著感興趣的對象不同，以及溝通上的誤會。

Check③
夏娃身後的智慧樹上，纏繞著魔鬼化身的蛇。
▶ 吃下智慧果就會擁有神聖智慧的誘惑。

Check④
亞當和夏娃完全赤裸，生活在伊甸園裡。
▶ 兩個不知羞恥、心地純潔的人。受到上天的愛和保護。

除此之外！
馬賽版本的［戀人］描繪了年輕男子站在丘比特下方的少女和老婦之間。
丘比特是愛情的天使。因此這是一張表示年輕男女對彼此純粹的愛意超越了理性，並深受對方吸引。

這裡才是重點！
吃下智慧果的人類被逐出伊甸園，不得不自行思考並做出選擇。這裡的選擇是一種興趣或直覺的選擇，而不是來自思考。

正		逆	
溝通	選擇	不成熟	優柔寡斷
年輕	友好合作關係	輕率	離別

解讀的技巧就在這裡！

如果是戀愛

正 對異性感興趣與思慕。一見鍾情的愛情。浪漫的約會。純粹的愛意。容易交談且風趣的異性。年輕的戀人。初戀。

逆 對對方失去興趣。對愛情本身感興趣。衝動且輕率的愛情。虛假的愛情。經常說謊的戀人。愛情不專一。分手。

如果是工作

正 處理訊息的工作十分有利。適合年輕人的生意。相親聯誼事業。加盟連鎖體系。充滿變化的工作十分有利。合資企業。

逆 輕率的判斷為麻煩的源頭。對工作失去興趣和熱情。人際關係需要改善。缺乏知識與技能。推卸責任。

如果是其他事情

正 採納潮流及趨勢。仔細搞清楚再做選擇。好奇心旺盛。對喜歡的事物敞開心扉就會開運。夥伴。

逆 缺乏溝通而無法達成共識。年輕導致失敗。敗給誘惑。無法為自私行為負責任。意志薄弱。

提示！ 從塔羅牌的走向區分 正 逆 位！

在誓約下的愛與祝福。

個人的自由與愛的世界。

正

輕率造成與神分離。

逆

為生活而挑戰。

5 法皇　　6 戀人　　7 戰車

升級的關鍵

來自古代智慧的關鍵詞

在生命之樹當中
對應理解－判斷的路徑。
意味著認知。

在占星術當中
對應雙子座。意味著好奇心、學習、雙面性。

1 Kether 王冠
2 Chokmah 智慧
3 Binah 理解
Daath 知識
4 Chesed 慈愛
5 Geburah 判斷
6 Tiphareth 美
7 Netsah 永遠
8 Hod 反響
9 Yesod 基礎
10 Malkuth 王國

Ⅱ

多重建議

這張牌在進行愛情占卜以外的主題出現時，多數是對優柔寡斷的問卜者暗示，「是時候做出選擇了」。應重視自己的感覺，從客觀的角度看清一切。

戰車 VII

挑戰活出自己

戰車上的年輕人身上繫著畫有星象符號的腰帶及象形文字的飾品。具備智慧與體力的年輕人，為了向這個世界展示自己的才華和能力，離開了從小生長的城鎮，勇往直前。

第Ⅰ章　解讀大阿爾克那的關鍵

THE CHARIOT.

Check①

年輕人乘坐戰車，身披鎧甲，全副武裝，面朝正前方。

▶ 面對戰鬥做好準備，光明正大地一決勝負。

Check②

墊肩上有月亮裝飾，右臉在微笑，左臉在生氣。

▶ 月亮代表內心，表示他的精神不穩定。

Check③

陀螺的徽章上畫著黃色圓圈，伸出翅膀。

▶ 表示讓物質世界昇華，他的靈魂在飛翔。

Check④

支配二頭充滿智慧的獅身人面像，操控戰車。

▶ 獅身人面像是他野心與恐懼的象徵。動物意識是他的原動力。

除此之外！

在卡巴拉中，戰車被稱作Merkava（神的寶座），被描述成承載靈魂的車輛。**靈魂以心臟為容器，藉此登上更高的世界。[戰車]就是踏上自我提升的旅程。**

這裡才是重點！

[戰車]象徵靠一己之力開闢自己的道路。沒有挑戰就沒有人生的勝利。不為別人，而是為了活出自己的人生才勇往直前。

正位牌 × 逆位牌的關鍵詞！

正		逆	
前進	勝利	失敗	敗仗
挑戰	獨立	後退	魯莽行事

解讀的技巧就在這裡！

如果是戀愛

正 適合表白，應積極表達愛意。建議兜風約會。由男性主導的交往關係。理想中的男性。愛情贏家。

逆 霸道的男性。在性衝動下發展的愛情。和戀人吵架。輸給情敵。被人甩了。試圖讓對方屈服。

如果是工作

正 在工作上立功。擊敗對手。成功開發新業務。登上大舞台。技術提升。與汽車有關的工作。

逆 強迫推銷會帶來麻煩。一次失敗導致失去平衡。缺乏經驗造成失敗。獨斷專行會適得其反。用力過猛。

如果是其他事情

正 釐清正確方向再繼續前進。努力提升自己贏得勝利。贏家。胸懷大志。邁向新階段。青年獨立。上進心。氣勢。

逆 一頭熱往往會遭遇失敗。無法前進的狀態。小心車禍。因失敗而喪失自信。自暴自棄。倉促決策。征服慾。

提示！ 從塔羅牌的走向區分 正 逆 位！

需要正確選擇。

往自己選擇的道路前進。

6 戀人

正 →

失敗後要找出弱點。

7 戰車

逆 →

了解真正的實力。

8 力量

第Ⅰ章 解讀大阿爾克那的關鍵

升級的關鍵

來自古代智慧的關鍵詞

在生命之樹當中
對應判斷—美的路徑。意味著裁斷。

在占星術當中
對應巨蟹座。意味著情緒、感情、內柔外剛。

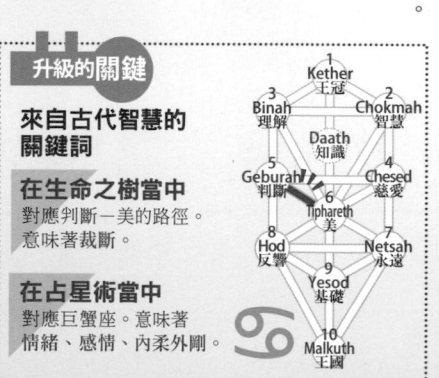

多重建議

第7張牌［戰車］代表幸運七，會得到上天幫忙，帶來勝利。占卜時出現這張牌的話，事情就會順利進展，即使出現對手也能獲勝。「盡人事，聽天命」。應積極行動。

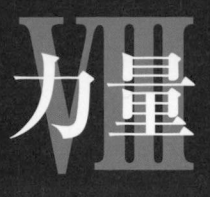

VIII 力量

克服恐懼的力量

穿著白衣的女性正在馴服一頭獅子。在卡巴拉中，獅子代表「動物意識」，女性代表「自我意識」。這表示要接受情緒反應等動物意識，並根據這種力量進一步提升意識的力量。

第Ⅰ章 ── 解讀大阿爾克那的關鍵

Check①

頭戴花冠的女性頭上畫著無限大的符號∞。
▶ 表示「自我意識」成長為「高階意識」的無限可能性。

Check②

頭戴花冠的女性用花繩與鍊條和獅子相連。
▶ 「自我意識」與「動物意識」、「高階意識」連結在一起。

Check③

身著白衣的女性正在馴服一頭紅獅。
▶ 愛的力量及心靈的力量，可以單純地接受本能的欲望和恐懼。

Check④

草原上顯示出「植物意識」，並描繪著女性與獅子。
▶ 這個構圖表現出人類的意識層級與成長。

除此之外！

在馬賽版本中，8是［正義］，11是［力量］，但在偉特版本中導入了占星術的概念，並加以替換。
人類運用智慧使用各種工具，創造出新事物。

這裡才是重點！

描繪出自我保護的「植物意識」、自我表現的「動物意識」、代表良心的「自我意識」，以及卡巴拉的真理，表示人類會選擇愛而非恐懼，並有所成長。

正位牌 × 逆位牌的關鍵詞！

正
- 意志力
- 包容力
- 掌控
- 克服

逆
- 無法控制
- 意志薄弱
- 不能克服（恐懼）
- 沒有精神

解讀的技巧就在這裡！

如果是戀愛
- 正 理解對方，並接受對方的心情。愛的力量。克服障礙發現真正的愛。按照女性的步調發展的愛情。
- 逆 成功的愛情需要勇氣。控制性慾。不知道是否真的喜歡。試圖控制對方。

如果是工作
- 正 靠卓越的智慧克服困難的工作。與動物有關的工作。再辛苦也能保持熱情的工作。具說服力。
- 逆 對工作感到棘手。被飼養的狗咬到手。缺乏信心。被對手的步調干擾。不好應付的工作。提不起勁。

如果是其他事情
- 正 靠意志力克服困難。運用智慧解決問題。克服棘手問題的力量。承認弱點的力量。堅強意志。自制力。
- 逆 害怕受傷而提不起勇氣。輸給本能。無法勝任。無法控制情緒。抹殺欲望。照顧寵物一輩子。

提示！ 從塔羅牌的走向區分 正 逆 位！

了解內心的弱點。 ▶ 接受恐懼的力量。

正 **7 戰車**

輸給本能。

逆 **8 力量**

提升自我意識。

9 隱者

升級的關鍵

來自古代智慧的關鍵詞

在生命之樹當中
對應慈愛—美的路徑。意味著力量。

在占星術當中
對應獅子座。意味著快活、大膽、勇敢。

1 Kether 王冠
3 Binah 理解
2 Chokmah 智慧
Daath 知識
5 Geburah 判斷
4 Chesed 慈愛
6 Tiphareth 美
8 Hod 反響
7 Netsah 永遠
9 Yesod 基礎
10 Malkuth 王國

多重建議

這張牌提到克服問題及課題的關鍵，就在問卜者的心中。克服困難最重要的一件事，就是冷靜地接受現狀。而且要下定決心，遇到任何難關一定都能並切都要克服。

隱者
IX

一心尋求得到滿足之路

被白雪覆蓋之巔，一名身穿灰色斗篷的老人正在尋找什麼。［愚者］的背景也是描繪著這個場景，表示他的生活方式就是一直在尋求出路，儘管他歷經各種人生經驗，但是他找尋人生答案的旅程永無止境。

第 I 章 — 解讀大阿爾克那的關鍵

THE HERMIT.

Check①

穿著灰色連帽斗篷。

▶ 斗篷象徵隔絕外界，朝向自我的世界。

Check②

右手提著的燈籠裡，散發出六芒星的光芒。

▶ 六芒星是智慧的象徵。神祕之光在引領著他。

Check③

靠著燈籠的黃光和左手發出黃光的權杖前行。

▶ 這些黃光就是在隧道盡頭看到的光。最後的考驗。

Check④

站在杳無人煙的荒涼雪山上，一路前行。

▶ 表示遠離塵世尋找道路的生活方式。

除此之外！

［隱士］是心靈成長的追求者。他正在尋求煉金術中讓人長生不老的「賢者之石」。
這張牌代表擁有肉體的人類最後的領悟，與隨之而來的轉型考驗。

這裡才是重點！

這張牌描繪了人類領悟到，無法將物質世界中得到的各種東西帶到下一個世界，檢視自己的人生後，想要得到啟發的心情。

正		逆	
尋求真理	反社會	疏離感	厭世觀
內向	精神層面	孤獨	隱藏

解讀的技巧就在這裡！

如果是戀愛

正 與身邊的人祕密交往。單戀比交往好。表現樸實難以被人察覺。對戀愛不太感興趣。

逆 不被承認的交往關係。喜歡獨處不需要戀人。無法見到愛人而感到孤獨。靠愛情無法得到滿足。性倒錯。不倫。

如果是工作

正 （雖然不為人所知）擁有高度的知識和技能。應追求一份工作。適合專業人士的工作。適合從事研究工作。

逆 在公司裡有疏離感。受專家認同但不被一般人接受。孤立。很難找到工作。想要逃離工作。離職。

如果是其他事情

正 提升精神層面。探究道理。熱愛孤獨。找不到。面對自己。屬於會員制不向外公開的店。隱藏的事情。祕密。

逆 封閉內心。逃離人生。環境不適合。老人。躲避他人眼光。性格怪異且孤僻的人。逃避現實。孤獨。長期閉門不出。

提示！ 從塔羅牌的走向區分 正 逆 位！

尋求永恆的力量。 發現自我之旅。

正

追求長生不老。 自我轉變的時候。

逆

STRENGTH.
8 力量

THE HERMIT.
9 隱者

WHEEL of FORTUNE.
10 命運之輪

升級的關鍵

來自古代智慧的關鍵詞

在生命之樹當中
對應智慧一美的路徑。意味著探索靈性。

在占星術當中
對應處女座。意味著分析、一絲不苟、內斂。

1 Kether 王冠
2 Chokmah 智慧
3 Binah 理解
Daath 知識
4 Chesed 慈愛
5 Geburah 判斷
6 Tiphareth 美
7 Netsah 永遠
8 Hod 反響
9 Yesod 基礎
10 Malkuth 王國

♍

多重建議

這張牌經常在以孤獨為主題時出現。容易在你想獨處時、不想與他人扯上關係時，或是你忙於工作而想逃避現實的時候出現。另外這張牌也暗示當你有想隱藏的事情時，可以完全隱藏而不被人發現。

命運之輪

X

命運改變的時刻

隱藏在雲層裡的空間，描繪了一頭牛、一頭獅子、一隻老鷹和一個人類（天使），內側描繪了埃及眾神觸摸著車輪的圖案。上頭寫有「TORA」（律法之書），與代表上天之名的四字神名，意味著天命及命運的時刻。

WHEEL of FORTUNE.

第Ⅰ章 —— 解讀大阿爾克那的關鍵

Check①

四個角落分別是牛（金牛座）、獅子（獅子座）老鷹（天蠍座）和人類（水瓶座※）。

▶ 表示超越人類智慧的宇宙能量及其法則。

※蠍子的能量進入天堂後，會變成老鷹。

Check②

車輪周圍有守護神斯芬克斯、惡魔堤豐、將靈魂帶往冥界的阿努比斯。

▶ 靈魂進入冥界，靈魂的罪孽會由冥界之神加以衡量。

Check③

上升之物，下降之物，與乘著命運之輪的埃及眾神。

▶ 輪子代表著命運的循環以及死亡與重生的輪廻。

Check④

車輪上有意味著入口的「TORA」與耶和華的四字神名。

▶ 在偉大天神法則引誘下，來到新階段的入口處。

除此之外！

搬運天神寶座的牛、獅子、老鷹以及人類（天使），出現在預言者以西結的幻覺當中。

意識改變，受到引誘前往神聖世界。［隱者］表示竭盡人類智慧；［命運之輪］表示天命及上天的指引。

這裡才是重點！

暗示事物發生變化並邁向新階段的時刻。老舊循環結束，嶄新循環開啟。命運的法則表示這是一連串的事件。

正位牌 × 逆位牌的關鍵詞！

正			逆	
良機	循環		倒霉期	時機不佳
展開	許可		延遲	因果報應

解讀的技巧就在這裡！

如果是戀愛

正 告白的時機。交往順利。戀愛成功。戀愛的機會。命運的邂逅。見面的次數越來越多。受歡迎的時期。

逆 時機不對而錯過。不太舒服的約會。已經過了感情巔峰的愛情。被人甩了。無法長時間交往。

如果是工作

正 新的生意。在變化多的工作中取得成功。機會來了。與天空有關的工作。與汽車相關的工作。換工作。好時機。

逆 工作上沒有進展。受政治、經濟影響而停滯。時機不對，無法受到認同。沒有好工作。不走運的時期。

如果是其他事情

正 命運好轉。改變利用時間的方式。敞開心扉就會開運。人生的新階段。命運中的正常變化。合格。許可。

逆 事情停滯不前而且無法盡如人意。時機不佳。不景氣。時間不夠。變化緩慢。運氣不好。不合格。起步較晚。

第Ⅰ章 解讀大阿爾克那的關鍵

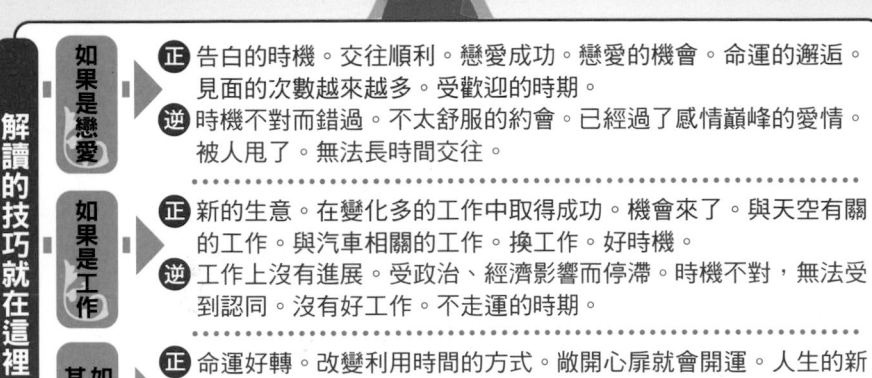

提示！
從塔羅牌的走向區分 **正 逆** 位！

尋求心靈成長。

新階段的入口。

正

了解命運的循環。

逆

按照命運法則做出判斷。

9 隱者　**10 命運之輪**　**11 正義**

升級的關鍵

來自古代智慧的關鍵詞

在生命之樹當中
對應理解一美的路徑。意味著了解天命。

在占星術當中
對應木星。意味著寬大、許可、發展。

1 Kether 王冠
2 Chokmah 智慧
3 Binah 理解
Daath 知識
5 Geburah 判斷
4 Chesed 慈愛
6 Tiphareth 美
8 Hod 反響
7 Netsah 永遠
9 Yesod 基礎
10 Malkuth 王國

多重建議

當〔命運之輪〕出現在時間軸的過去、現在、未來時，那個時間便意味著「命運的時刻」。除了時間軸之外，也意味著一旦你離開「本心」的位置，你就會藉由意識到「本心」或改變「本心」來抓住機會。

XI 正義

依序正確判斷事物

正義女神手中的劍，是一把代表理性的雙面刃，刀刃正面向自己也面向對手。象徵糾正自己也糾正對方。左手的天秤為衡量善惡的工具，但也意味著取得兩者的平衡。

第I章　解讀大阿爾克那的關鍵

XI

JUSTICE.

Check①
正義女神端坐著，由二根石柱組成的構圖。
▶ 表示神聖的地方。以這張牌而言，意指靈界的入口。

Check②
紅幕後的世界描繪著黃色的背景色。
▶ 充滿靈界的明亮光線，充斥著智慧與覺察之光。

Check③
右手持劍，左手拿著天秤。
▶ 劍意指裁定或判斷，天秤意味著公平

Check④
紅色垂幕與身穿紅袍的正義女神。
▶ 表示正義、純粹、直率的強大能量。

除此之外！
根據埃及的死者之書，正義女神瑪亞特的羽毛與死者的心臟被分別放在天秤上，以衡量罪孽的輕重。原因出在自己內心，人生才是最後的結果。表示因果報應、業報的一張牌。

這裡才是重點！
這張牌代表宇宙中的法則、上天的法則。表示因果報應，意味著了解原因，糾正自己，就一定會得到好的結果。

正		逆	
平衡	公正	不平衡	公私混淆
秩序	人際關係	無法並存	左右為難

解讀的技巧就在這裡！

如果是戀愛
- 正 對方可與自己取得平衡且合得來的人。兩情相悅。良緣。施與受的關係。（合法的）婚姻。相親結婚。提親。
- 逆 太在意對方而無法放鬆。契約婚姻。結婚一事沒有進展。外遇的關係。不平衡。性格不合。

如果是工作
- 正 適合法律相關的工作。行政相關的工作。考慮互惠互利。全職工作。公平交易訂立合約。公共事業。合約。
- 逆 公私無法取得平衡。非正職員工或約聘員工。人際關係不佳導致工作碰壁。謹防違反合約。不合理的工作。

如果是其他事情
- 正 正確判斷。冷靜分辨對錯的能力。人際關係和諧。工作表現良好。在理性與感性之間取得平衡。基於正義的堅強意志。
- 逆 為自己辯解超過必要的程度。審判不利。不合乎制度。難以兼顧。無法保持平衡。偏見。矛盾。因果報應。

第Ⅰ章　解讀大阿爾克那的關鍵

提示！ 從塔羅牌的走向區分 正 逆 位！

擺脫負面循環。　糾正自己。　正　知道原因與結果。　逆　察覺自己的業報。

10 命運之輪 ▶ **11 正義** ▶ **12 倒吊人**

升級的關鍵

來自古代智慧的關鍵詞

在生命之樹當中
對應王冠—美的路徑。意味著中庸。

在占星術當中
對應天秤座。意味著平等、和諧、善於交際。

生命之樹圖：
1 Kether 王冠
2 Chokmah 智慧
3 Binah 理解
Daath 知識
4 Chesed 慈愛
5 Geburah 判斷
6 Tiphareth 美
7 Netsah 永遠
8 Hod 反響
9 Yesod 基礎
10 Malkuth 王國
♎

多重建議

〔正義〕是一張質疑正義的牌。如果做正確的事，就會一切順利。當你工作表現良好，貫徹理想時，正義女神就會為你指引。此外這張牌在你占卜人際關係時，還會教你如何平衡人際關係。

倒吊人

XII

奉獻帶來的喜悅

倒吊在十字架上接受處刑的男人，使人回想起耶穌基督為人類贖罪的愛。男人雙腳交叉呈十字，面露神怡心醉的表情，從頭上散發出光芒。**男人接受考驗度過難關，因而得到了啟發。**

第Ⅰ章——解讀大阿爾克那的關鍵

THE HANGED MAN.

Check①

男人被吊在 T 型十字架（Tau Cross）上。

「T型」十字代表「一」（天）與「｜」（人）的交流，上天與人的來往。

Check②

男人被倒吊著。

▶ 倒吊暗示從不同觀點看待事物。

Check③

手被綁在身後，看起來似乎在隱藏什麼。

表示無法干涉的事情，或是藏在心中的想法。

Check④

儘管正在受刑，卻一副神怡心醉的表情。

表示透過自我訓練或自我修行等苦修後得到的領悟。

除此之外！

北歐神話中的主神奧丁（Odin）將自己吊在世界之樹（Yggdrasill）上，獻給至高無上的神（自己），並得到了啟發。
男人微笑著，將自己獻給至聖者，顯示對於服務感到喜悅。

這裡才是重點！

［倒吊人］代表的是忍受考驗後的啟發。改變認知就會使意識發生變化，身在苦難之中也能發現快樂。

正位牌 × 逆位牌的關鍵詞！

正		逆	
考驗	服務	忍耐	忍耐的極限
改變觀點	靈感	妄想	自我犧牲

解讀的技巧就在這裡！

如果是戀愛

正 為對方盡心盡力的喜悅。樂於付出的愛。為人服務的愛情表現。任何時刻都相信對方的強烈愛情。對方需要的安全感。

逆 自我犧牲的愛情表現。自我價值感低落所以依附對方。愛的方式如同信仰一般。付出一切也是白費力氣。束縛與依賴的關係。

如果是工作

正 對體力要求很高的工作，但在精神上卻十分充實。修行中。看護或護理等為人奉獻的工作。從事志工。考驗。

逆 沒辦法辭去工作。不喜歡也無法回絕的工作。一直工作。令人窒息的工作環境。努力也沒有回報。無計可施。

如果是其他事情

正 應用不同觀點思考事情。隱藏內心的想法。了解自我價值。在壓力下發揮才能。奉獻。從考驗中學習。

逆 擺脫精神控制。即便察覺也看不到真相。無處可去所以才留下來。動彈不得。罪惡感。

提示！ 從塔羅牌的走向區分 正 逆 位！

被人問罪。 發現自己的疏失。

正

自我懲罰。 從痛苦中解放。

逆

11 正義　　**12 倒吊人**　　**13 死神**

升級的關鍵

來自古代智慧的關鍵詞

在生命之樹當中
對應美—永遠的路徑。意味著喜悅。

在占星術當中
對應海王星。意味著療癒、慈愛、依賴。

1 Kether 王冠
3 Binah 理解
2 Chokmah 智慧
Daath 知識
5 Geburah 判斷
6 Tiphareth 美
4 Chesed 慈愛
8 Hod 反響
7 Netsah 永遠
9 Yesod 基礎
10 Malkuth 王國

多重建議

［倒吊人］在暗示心理及思考層面出現變化，而不是活動及行動層面發生變化。對問卜者來說，這是一張思想強度備受考驗的牌。意味著會伴隨長時間苦悶的轉變。

第Ⅰ章　解讀大阿爾克那的關鍵

死神
XIII

走向終點的過程

骷髏騎士死神騎著白馬緩緩前行。死亡會來到權力者、為信仰而活的人、天真孩童、純潔少女等所有人身邊，無論男女老幼。死神會宣告生命的終點，引領重生。

第I章　解讀大阿爾克那的關鍵

DEATH.

Check①

死神手持黑底加白玫瑰徽章的旗幟。

▶ 黑色代表結束，白色代表投降，玫瑰是昇華的象徵。

Check②

死神身穿黑色鎧甲，騎在有著一雙狂野紅眼的白馬上。

▶ 展現出死神的破壞力與重生的絕對力量。

Check③

三途川流經死神身後，夕陽沉入藍色世界裡。

▶ 太陽是生命力的象徵。西沉的夕陽是靈性世界升起的太陽。

Check④

號角掉落在馬的腳邊。

▶ 療癒靈魂的音聲共振（沒有被使用）。

除此之外！

在偉特版以外的塔羅牌中，死神被描繪成手持鐮刀的模樣，表示收穫的時刻。[死神]意味著四季中的秋天，表示收成與收穫。死神會在人生的終點收穫靈魂的教訓。

這裡才是重點！

[死神]表示事物循環的終點。既然有開始，就會有結束。[死神]並不是突如其來的結束，而是走向終點的過程。

正位牌 × 逆位牌的關鍵詞！

正	結束、轉變、霉運、時機
逆	終止、轉移、不同的世界、斷絕關係

解讀的技巧就在這裡！

如果是戀愛

正 想要繼續交往就要與對方保持距離。斬斷孽緣。分手。戀情即將結束。想見面也見不到。遠距離戀愛。

逆 結束沒有發展的戀情。戀愛的中場休息期間。戀戀不捨。接受已經結束的戀情，並轉向新的戀情。離別的哀傷。

如果是工作

正 正想要辭去工作。成績或業績一直下降。工作到最後一刻。前往工作地點。去遠地出差。換工作。

逆 捨棄舊做法，用新做法取而代之。辭職。沒有工作動力。明知不會有發展的工作。低潮期。

如果是其他事情

正 正在考慮換個環境。積極結束。停止。改變形象。適合旅行。放棄。放棄執著。投降。霉運。

逆 找不到熱忱或提不起興趣。一直沉浸在失去的悲傷之中。單調枯燥。接受結束，邁向新的開始。轉變的時刻。

提示！從塔羅牌的走向區分正逆位！

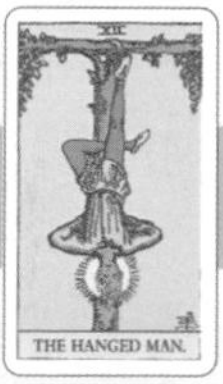

THE HANGED MAN.

12 倒吊人

贖罪。

過程的結束。（正）

DEATH.

13 死神

（逆）改變意識邁向重生。

淨化與治癒。

TEMPERANCE.

14 節制

升級的關鍵

來自古代智慧的關鍵詞

1 Kether 王冠
2 Chokmah 智慧
3 Binah 理解
Daath 知識
4 Chesed 慈愛
5 Geburah 判斷
6 Tiphareth 美
7 Netsah 永遠
8 Hod 反響
9 Yesod 基礎
10 Malkuth 王國

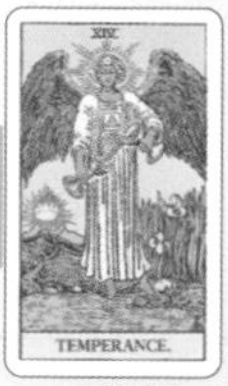

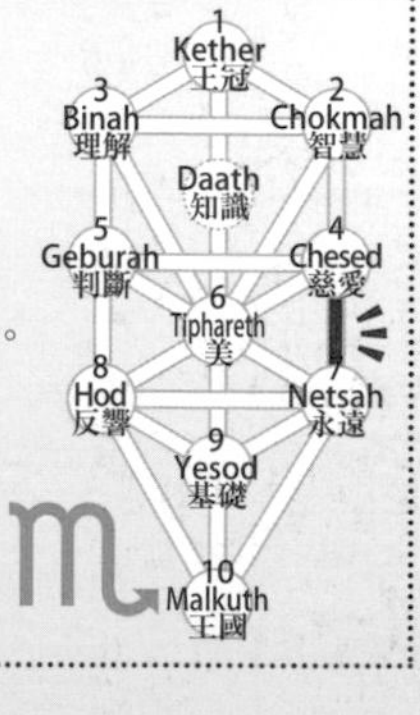

在生命之樹當中

對應慈愛－永遠的路徑。意味著變化。

在占星術當中

對應天蠍座。意味著死亡、靈性世界、洞察。

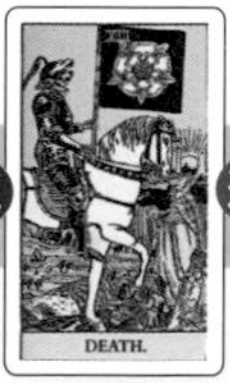

多重建議

［死神］意味著從這個世界到另一個世界的轉移。這是表示從自己的世界，邁向另一個世界。在實際占卜時，當你要前往一個未知的世界，例如出國旅行、去遠方旅行、出國留學或工作等等，就會出現這張牌。

節制
XIV

命中註定的自然演變

從天而降的天使,右腳碰到水面,左腳觸及地面。這是一片大自然豐富,鳶尾花盛開的肥沃土地。天使拿著二個杯子,將水改倒到另一個杯子。這張牌展現出自然秩序的轉變過程。

第Ⅰ章 — 解讀大阿爾克那的關鍵

Check①

大天使米迦勒降臨到富饒之地。

▶ 米迦勒意味著「像上帝一樣」,是神聖戰役與淨化的天使。

Check②

天使胸口上的四角(口)符號中,重疊著三角(△)符號。

▶ 物質(口)當中的三位一體(△)。涉及7〔戰車〕的能量。

Check③

水從一個杯子改倒到另一個杯子,沒有一滴水被浪費。

▶ 愛和智慧的能量、靈魂從舊容器轉移至新容器中。

Check④

天使的腳輕輕地碰觸水面和地面。

▶ 表示即使觸及現實與感情,也不會深陷其中的態度。

除此之外!

靈魂被米迦勒療癒並淨化。靈魂學習到的一切,全部從舊容器(心靈)轉移到新容器。
從痛苦經驗中復原之後,這些經驗會成為一大啟發,帶來人生中需要的智慧與和諧。

這裡才是重點!

[節制]象徵著自然的法則。如果能接受轉變過程並取得平衡,發生的一切都會順利進行。這張牌在教你冷靜面對事情。

正	自然	純粹		汙染	不乾淨	逆
	淨化	環境		沒有縫隙	不客觀	

解讀的技巧就在這裡！

如果是戀愛

正 彼此心意相通。愛情逐漸加深。取得平衡的良好關係。從舊戀情轉向新戀情。純真之愛。

逆 認清身分地位的交往關係。難以接受的對象。對方不理解付出的愛情。愛情漸行漸遠。

如果是工作

正 正確無疏失的工作表現。完善的工作環境。順利。事情有效率地進展。技巧高超毫無浪費。圓滿完成。

逆 很多錯誤及損失而遲遲不見進展。工作過於嚴苛。因機械化作業而提不起勁。缺乏動力的環境。

如果是其他事情

正 隨著時間經過會往好的方向發展。自然自癒力。秩序。事物的移轉。前往其他場所。合適恰當。沒有浪費。

逆 帶著惰性推動事情。費事的工作。謹防生活習慣病。在追求正確性上過於嚴格。惡性循環。節儉的人。

提示！
從塔羅牌的走向區分 正 逆 位！

死亡與重生。

接受自然的變化。

13 死神

正 → 逆

過度的欲望。

貪婪。

14 節制

15 惡魔

升級的關鍵

來自古代智慧的關鍵詞

在生命之樹當中
對應永遠－反響的路徑。意味著平衡。

在占星術當中
對應射手座。意味著秩序、率直、速度。

1 Kether 王冠
2 Chokmah 智慧
3 Binah 理解
Daath 知識
4 Chesed 慈愛
5 Geburah 判斷
6 Tiphareth 美
7 Netsah 永遠
8 Hod 反響
9 Yesod 基礎
10 Malkuth 王國

多重建議

這張牌代表大天使米迦勒，可以當作守護占卜的牌來使用，在占卜前放在現場，就能當作為護身符（Talisman）。請求大天使米迦勒驅邪避凶，守護占卜過程。

惡魔

因欲望而改變

惡魔下方是一對沉迷於享樂的男女，在他們身上描繪著象徵動物的角和尾巴。他們忘記了人類具有自由意志、進行創造的能力，而受到動物本能及欲望所支配。鬆垮的鎖鍊看似可以擺脫，人類自己卻對惡魔有事相求。

THE DEVIL.

第Ⅰ章 解讀大阿爾克那的關鍵

Check①
長著山羊角、蝙蝠翅膀、鳥爪的惡魔。
▶ 象徵結合不同物質，創作新事物的煉金術（化學）。

Check②
在黑暗之中，惡魔手中的火把正在熊熊燃燒。
▶ 絕望中，火把的光芒（人工的光芒）為人類的內心帶來光明。

Check③
被繫上鎖鏈的男女。男人伸出手去尋求快樂。
▶ 沉迷於情慾之中的男女。表示男女的孽緣。

Check④
表示人類的獸性，男女之姿。
▶ 象徵被「動物意識」所支配，而非「自我意識」。

除此之外！
以魔法師「艾利馮斯·李維（Eliphas Levi）」所繪製的「巴風特」（Baphomet）為原型，描繪出讓煉金術化為現實的惡魔。
煉金術（荷米斯哲學）的目的是為了提升意識與上天連結，讓生活充滿創造力。

這裡才是重點！

[魔鬼]引誘人類，使人變得貪婪。欲望會釋放潛力，但是也會剝奪健全的平衡力及與生俱來的才能。

正		逆	
執著	欲望	努力	惡化
墮落	苦惱	步向毀滅之路	中毒

解讀的技巧就在這裡！

如果是戀愛

正 明知是壞人還是被他吸引。交往是為了欲望而非愛情。孽緣。沉迷於性事。小惡魔的魅力。外遇。誘惑。束縛。

逆 由愛轉恨。不倫戀的糾纏。痴狂的愛情。試圖強行約束對方加以控制。意外懷孕。毀滅性的愛情。

如果是工作

正 絕對的掌控者。對工作有強烈堅持。假比賽與磋商。見不得光的工作。從不法行為中獲利。野心。不道德的行為。

逆 無法離開組織或辭去工作。責任過重。沒有回報的努力。被迫參與不法行為。無法插手的工作。性產業。

如果是其他事情

正 過於執著導致瘋狂思維。沉迷於快樂之中。自卑感。人工的。無法抑制的衝動。被焦慮及恐懼所支配。自我否定。惡化。

逆 難以忍受的疼痛或痛苦。對於權力的執著。藥物不見效。仇恨。一直向下沉淪。藥物成癮。強迫觀念。絕望。仿冒品。犯罪。

提示！ 從塔羅牌的走向區分 正 逆 位！

受到大自然循環的眷顧。

人工創作帶來的利益。

正

逆

因貪婪走向毀滅之路。

毀滅之神的救贖。

14 節制

15 惡魔

16 高塔

第 I 章　解讀大阿爾克那的關鍵

升級的關鍵

來自古代智慧的關鍵詞

在生命之樹當中
對應判斷－反響的路徑。意味著壞習慣。

在占星術當中
對應摩羯座。意味著努力、權力、自卑感。

1 Kether 王冠
2 Chokmah 智慧
3 Binah 理解
Daath 知識
4 Chesed 慈愛
5 Geburah 判斷
6 Tiphareth 美
7 Netsah 永遠
8 Hod 反響
9 Yesod 基礎
10 Malkuth 王國

多重建議

從正面思考的角度解讀［惡魔］即意指「擁有欲望」。有欲望才會努力，才會絞盡腦汁。負面思考的［惡魔］可能是難以脫身的狀態。最重要的是要有勇氣向人求助。不要過於自信。

高塔
XVI

發生衝擊性的事件而崩壞

閃電落在聳立的高塔上，冒出熊熊火焰，男女一路墜落。高塔頂端的王冠被落雷擊中而彈飛。高塔表示人為力量在自然力量面前無可奈何地崩潰了。閃電代表了上天的能量。

THE TOWER.

第
Ⅰ
章

解
讀
大
阿
爾
克
那
的
關
鍵

Check①

描繪著黑暗中的閃電光芒與光點。

▶ 描繪出撕開代表絕望的黑暗，上天救贖的光芒。

Check②

在落雷衝擊下被彈飛的王冠。

▶ 意味著地上世界（人類世界）的智慧活動崩壞。

Check③

高塔上著火，從三扇方窗中也冒出了火焰。

▶ 方形代表物質，意味著長久累積的事物已然崩壞。

Check④

在高塔上密會的男女在落雷衝擊下墜落。

▶ 意味著外遇，表示因意外導致關係曝光。

除此之外！

這張牌以舊約聖經的《巴別塔》為藍本，向忘記尊敬上天的人類展示神聖的力量。
人類受限於物質世界的欲望，在神聖力量幫助下方能擺脫。象徵著驚人的神聖力量凌駕了人類的力量。

這裡才是重點！

一場意外導致至今完成的一切崩壞。壞事曝光，權威垮台。這是像閃電一樣突然發生的事情。

正位牌 × 逆位牌的關鍵詞！

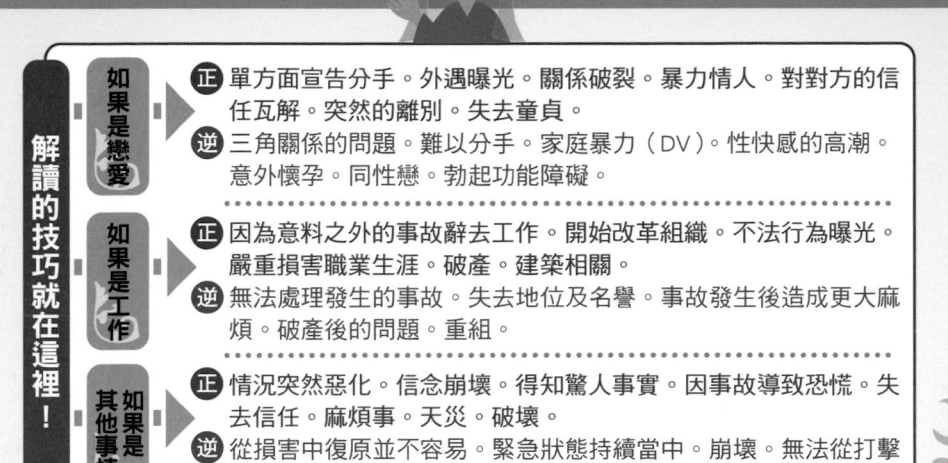

正		逆	
破壞	意外	事故處理	組織的破綻
打擊	性刺激	權威垮台	醜聞

解讀的技巧就在這裡！

如果是戀愛
- **正** 單方面宣告分手。外遇曝光。關係破裂。暴力情人。對對方的信任瓦解。突然的離別。失去童貞。
- **逆** 三角關係的問題。難以分手。家庭暴力（DV）。性快感的高潮。意外懷孕。同性戀。勃起功能障礙。

如果是工作
- **正** 因為意料之外的事故辭去工作。開始改革組織。不法行為曝光。嚴重損害職業生涯。破產。建築相關。
- **逆** 無法處理發生的事故。失去地位及名譽。事故發生後造成更大麻煩。破產後的問題。重組。

如果是其他事情
- **正** 情況突然惡化。信念崩壞。得知驚人事實。因事故導致恐慌。失去信任。麻煩事。天災。破壞。
- **逆** 從損害中復原並不容易。緊急狀態持續當中。崩壞。無法從打擊中重新站起來。損壞的東西無法恢復原狀。人禍。

第 Ⅰ 章 — 解讀大阿爾克那的關鍵

提示！
從塔羅牌的走向區分 正 逆 位！

人為力量的極限。

以破壞方式進行補救。

正

破壞造成的混亂。

逆

黑暗之中的光芒。

15 惡魔　　　16 高塔　　　17 星星

升級的關鍵

來自古代智慧的關鍵詞

在生命之樹當中
對應美—反響的路徑。
意味著痛苦。

在占星術當中
對應火星。意味著
性欲、麻煩、熱情。

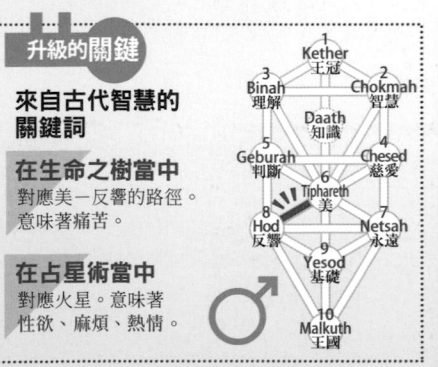

1 Kether 王冠
2 Chokmah 智慧
3 Binah 理解
Daath 知識
4 Chesed 慈愛
5 Geburah 判斷
6 Tiphareth 美
7 Netsah 永遠
8 Hod 反響
9 Yesod 基礎
10 Malkuth 王國

多重建議

這張牌一出現，很快（一個月之內，依占卜內容而異）就會發生事故或意想不到的事情。另外［高塔］這張牌會在指出權威對象，例如特定的建築物或組織、父親或公司老闆時出現。

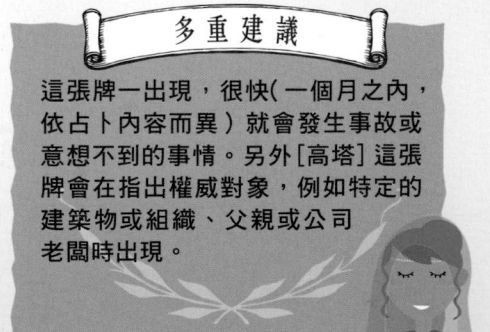

XVII 星星

發現新點子並加以活用

巨大閃耀的星星底下，一名女性將孕育生命的水注入池塘與大地中。她是星之女神，豐饒的象徵。女神將愛、智慧與孕育生命的能量注入地球上所有眾生。表示上天的恩惠降臨地上。

第 I 章 解讀大阿爾克那的關鍵

THE STAR.

Check①

巨大閃耀的星星是黎明閃亮的金星，或是恆星的天狼星。

▶ 古代將金星及天狼星視為豐饒的吉兆。

Check②

佇足於樹上，宣告早晨來臨的鳥。

▶ 黑夜即將結束，充滿希望的全新早晨來到。

Check③

星空下，裸體的女神跪在水中和地上。

▶ 取得陰陽協調，表示真實並且不加修飾的自己。

Check④

星之女神手持二個水瓶，將水倒向池塘與大地。

▶ 從天而降的二種能量在地上混合後成型。

除此之外！

女神亦指金星女神伊南娜（Inanna）、伊絲塔（Ishtar）、維納斯（Venus）、亞斯她錄（Astaroth）；或描述天狼星信仰的埃及女神伊西斯。
女神接受［高塔］的男性能量，將二種性質注入大地，豐富了大地。

這裡才是重點！

虛榮崩壞的［高塔］背後，使人察覺到本質上的個人之美。這會與高層次的意識產生連結，象徵著新人類的智慧與大自然和諧相處。

正位牌 × 逆位牌的關鍵詞！

	正		**逆**	
希望		遠大理想		博愛
創意	目標	浪費太多		設定目標

解讀的技巧就在這裡！

如果是戀愛
- 正 展開新的戀情。可以擁有理想的愛情。憧憬的人。遠距離戀愛。充滿吸引力的美麗女人。美女。懷孕的徵兆。
- 逆 無法從朋友開始進展。沒有出現理想的對象。愛上同性。無法接觸的人。無法縮短距離。一直十分嚮往。假性懷孕。

如果是工作
- 正 導入尖端技術。善用感性在工作上取得成功。使用可再生能源。IT 相關的工作。公務員。福利相關。
- 逆 損失很多，必須檢討。過於新穎而無法接受。理論上可行，但技術上有困難。失去工作目標。

如果是其他事情
- 正 浮現新點子。設定目標就能實現。生態學。對最新科學感興趣。自然美。給予（平等）。新預兆。
- 逆 不切實際的理想。應設定適當的目標。給的太多。滿足卻感到孤獨。追求理想而孤立無援。

提示！從塔羅牌的走向區分 正 逆 位！

因毀壞而造成的損失。

希望之光。

正

16 高塔

距離目標的道途還很長。

逆

在前進的路上感到不安。

17 星星

18 月亮

THE TOWER. / THE STAR. / THE MOON.

升級的關鍵

來自古代智慧的關鍵詞

在生命之樹當中
對應美一基礎的路徑。意味著目標。

在占星術當中
對應水瓶座。意味著平等、博愛、個性。

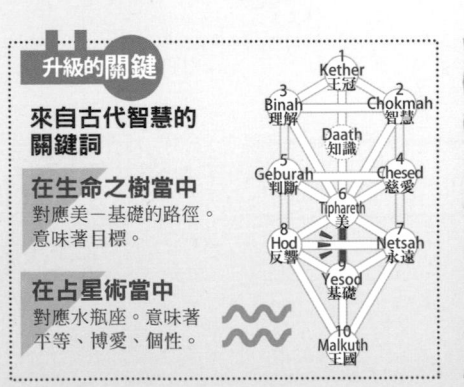

1 Kether 王冠
2 Chokmah 智慧
3 Binah 理解
Daath 知識
4 Chesed 慈愛
5 Geburah 判斷
6 Tiphareth 美
7 Netsah 永遠
8 Hod 反響
9 Yesod 基礎
10 Malkuth 王國

多重建議

[星星]代表夢想實現。正確設定目標，夢想就會成型。這就和嬰兒是母親受孕後，經過一段時間才會在這世上誕生一樣。實現願望的祕訣，就是擁有可實現的夢想，並訂立計畫加以執行。

月亮 XVIII

對未來感到莫名焦慮

描繪了一隻狼和一隻狗對著月亮嚎叫，臉上帶著怪異的表情，而且背後還有一隻小龍蝦從水中爬出。這些構圖暗示著潛意識在上層的意識發揮作用、昆蟲的訊息。

第Ⅰ章　解讀大阿爾克那的關鍵

THE MOON.

Check①

描繪月亮一臉愁容，周圍有光線洩漏。
▶ 據說也預示著日食，象徵內心一閃而過的不知所措、煩惱。

Check②

對著月亮嚎叫的狼與狗。
▶ 狼和狗皆意味著衝動的情緒反應及本能的因素。

Check③

黃色閃耀的道路，從池塘一路延伸到深山處。
▶ 月光下雖然能見度差，道路卻清晰可見。

Check④

水面上波光粼粼，出現了棲息在水中的生物小龍蝦。
▶ 表示隱藏在潛意識的訊息出現在顯意識。

除此之外！

月亮被描繪在二根柱子之間，這些柱子也出現在[死神]牌中，是這個世界和另一個的邊界。
[高塔]是射精，[星星]是受精，[月亮]是胎兒。表示身處在一個尚未定型的不穩定世界。

這裡才是重點！

表現出心靈的迷惘，不知道未來潛藏著什麼，是否應該繼續前進？意味著怎麼想也想不通的時候，會出現妄想與本能的感受。

正位牌 × 逆位牌的關鍵詞！

正		逆	
焦慮	迷惘	消除焦慮	潛意識
靈感	曖昧程度	隱藏的敵人	本能

解讀的技巧就在這裡！

如果是戀愛

正 並不十分了解對手的一切。焦慮的戀情。看不到未來的戀情。受情緒左右的交往關係。不忠。三角關係。改變心意。

逆 腦中浮現未來交往的畫面。沒有結果的三角戀。發現自己面對對方時處於被動。對懷孕感到焦慮。

如果是工作

正 對工作是否合適感到不安（不知道適不適合）。工作壓力。對於換工作感到迷惘。氣氛不佳的工作環境。對工作的未來感到焦慮。

逆 繼續工作好讓自己充滿自信。晚上的工作。雖然迷惘還是下定決心繼續工作。公私分明。

如果是其他事情

正 因焦慮而喪失自信。不知道如何是好。煩惱。感覺到有隱藏的敵人。情緒困擾。對未來感到焦慮。

逆 了解對於某件事的感受（焦慮）。取得內心的平衡。毫無自信也能看到前進的方向。發現敵人或問題。

提示！ 從塔羅牌的走向區分 正 逆 位！

遠大的理想。

對前進的道路感到不安。 正

17 星星

即便不安仍繼續前進。 逆

18 月亮

緊握達成目標的旗幟。

19 太陽

升級的關鍵

來自古代智慧的關鍵詞

在生命之樹當中
對應永遠－基礎的路徑。意味著本能。

在占星術當中
對應雙魚座。意味著感受性、曖昧、夢想。

1 Kether 王冠
2 Chokmah 智慧
3 Binah 理解
Daath 知識
4 Chesed 慈愛
5 Geburah 判斷
6 Tiphareth 美
7 Netsah 永遠
8 Hod 反響
9 Yesod 基礎
10 Malkuth 王國

多重建議

當［月亮］出現在「未來」或「最終結果」時，占卜的答案就是不知道未來會發生什麼事。換句話說，與其被動地生活，即使會感到煩惱，也要自己找到繼續前進的道路。［月亮］會守護這一切。

太陽 XIX

解放自我表達愛與喜悅

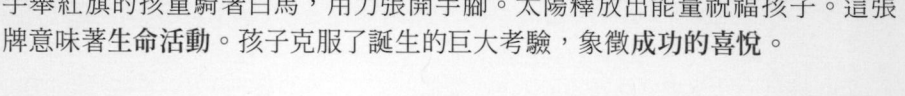

手舉紅旗的孩童騎著白馬,用力張開手腳。太陽釋放出能量祝福孩子。這張牌意味著生命活動。孩子克服了誕生的巨大考驗,象徵成功的喜悅。

第I章 ── 解讀大阿爾克那的關鍵

XIX

THE SUN.

Check①

從太陽釋放的直線光波與曲線光波從天而降。

▶ 表示釋放到地面上的二種能量,例如男女等等。

Check②

孩子頭上有著紅色羽毛。

▶ [死神]和[愚者]都有紅色羽毛;上天的信使。

Check③

孩子緊抓著一面大紅旗,手腳用力伸展。

▶ 用全身表現出自己把握生命,一種人生的喜悅。

Check④

白馬緩緩地載著孩童。

▶ 不同於面對死亡的[死神],這匹馬面對著生命的成長與創造。

除此之外!

[太陽]在黃金黎明協會版本中(參閱第126頁左下),描繪了赤裸的男孩和女孩手牽著手。
孩子代表的是本質的自我。意味著自我的解放,與存在地球上的二種性質合而為一。

這裡才是重點!

生命是超越恐懼和焦慮、愛與歡樂的表現。會描繪孩子是意味著他們的成長是為了抓住人生的樂趣。

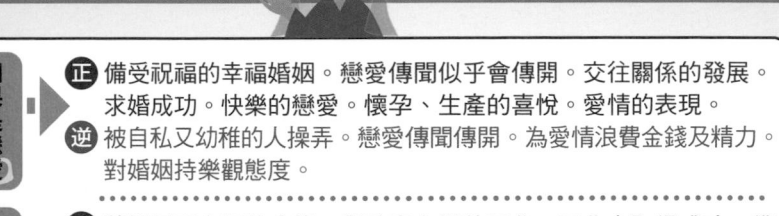

正位牌 × 逆位牌的關鍵詞！

正
- 生命力
- 成功
- 滿足
- 自我表現

逆
- 以自我為中心
- 能量損耗
- 大膽
- 幼稚

解讀的技巧就在這裡！

如果是戀愛

正 備受祝福的幸福婚姻。戀愛傳聞似乎會傳開。交往關係的發展。求婚成功。快樂的戀愛。懷孕、生產的喜悅。愛情的表現。

逆 被自私又幼稚的人操弄。戀愛傳聞傳開。為愛情浪費金錢及精力。對婚姻持樂觀態度。

如果是工作

正 積極展現自己的才能。與孩童有關的工作。工作上取得成功。獲得榮譽。適合發表簡報。大公司。

逆 對於疏失或損失很多一事毫不在乎。無法掩蓋失敗。獨家銷售。浪費大量的能量。不懂生意的買賣。娛樂產業。嚴重過失。

如果是其他事情

正 充滿精力。成名。天真爛漫。健康。自我表現。純潔無瑕。孩童。喜悅。玩心與童心。幸福感。

逆 太過得意忘形而失敗。任性妄為。以自我為中心。井底之蛙。樂觀但無法認清現實。隱藏的事情敗露。幼稚。

提示！
從塔羅牌的走向區分正逆位！

接受內心的迷惘。

解放後純潔的自己。

THE MOON. 18 月亮

正

幼稚的自我表現。

THE SUN. 19 太陽

逆

成熟自我的解放。

JUDGEMENT. 20 審判

升級的關鍵

來自古代智慧的關鍵詞

1 Kether 王冠
2 Chokmah 智慧
3 Binah 理解
Daath 知識
4 Chesed 慈愛
5 Geburah 判斷
6 Tiphareth 美
7 Netsah 永遠
8 Hod 反響
9 Yesod 基礎
10 Malkuth 王國

在生命之樹當中
對應基礎—王國的路徑。意味著生命活動。

在占星術當中
對應太陽。意味著本質、活力、自我表現。

多重建議

[太陽] 在大阿爾克那中是好牌，表示喜悅及成功，但也有悲觀的一面。這意指想要隱藏的事情會在光天化日下敗露。即使不願意，也會善惡分明。往往會小事化大，所以要特別留意。

POINT 20

XX 審判

做出最後決策的時刻

天使吹響號角時，男人、女人和孩子就會在召喚中醒來，從棺材復活。這張牌是以基督教的最後審判為中心思想。無論好人或壞人都會全部復活，接受最終的審判。善良的人會進入天堂，獲得永生。

第Ⅰ章 ── 解讀大阿爾克那的關鍵

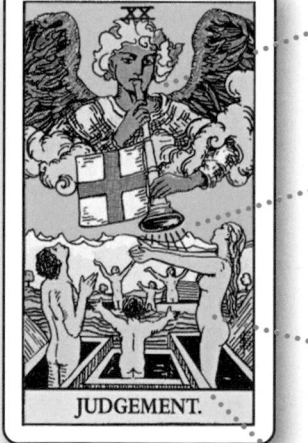

JUDGEMENT.

Check①

大天使加百列從雲端吹響號角。

▶ 引領靈魂，宣告審判。傳達重要的訊息。

Check②

背景中描繪的是白雪皚皚的高山，與青翠的草原或湖水的世界。

▶ 高聳雪山及藍色的世界代表著神聖的靈性世界。

Check③

男人、女人和孩童呼應著天使的號角聲。

▶ 呼應著男性特質、女性特質與本質的自我這三種性質。

Check④

藍色赤裸的人類從棺材中站起來，接受天使的祝福。

▶ 棺材代表肉身，象徵離開肉身的意識開始覺醒。

除此之外！

據說大天使加百列是出現在瑪利亞面前，宣告耶穌基督誕生的天使。
天使吹響的號角聲，並不是傳到一個人耳中，而是傳到許多人耳中，意味著重要公告。

這裡才是重點！

[審判] 是基於經驗做出的判斷。這個決定會對他人造成影響，且無法逆轉。而且必須接受這個決定所得到的結果並繼續前進。

正位牌 × 逆位牌的關鍵詞！

正		逆	
最後決策	復活	最終決定	不變
覺醒	覺悟	放棄	家族

解讀的技巧就在這裡！

如果是戀愛

正 為交往關係給出答案。決定結婚。將戀人介紹給家人。建立幸福的家庭。適合告白。與分手的人復合。

逆 後悔向對方說過的話。不會回頭。決定分手。你的心意無法傳達給對方。最好放棄婚姻。

如果是工作

正 花錢宣傳和打廣告的時候。下定決心，承擔責任。醫療相關的工作。音樂相關的工作。修理的工作。廣告行業。

逆 在實現目標之前打消念頭。失去工作的目標及使命感。找不到工作。指示沒有傳達下去。沒有萌芽。

如果是其他事情

正 九死一生。找到遺失的物品。下定決心的時候。覺醒。回收。家人的感情。出現奇蹟。公告。音樂。

逆 結果保持不變。放棄。不要推翻決定的事情。不願意也必須提出答案。毫無自覺。無法重生。

提示！ 從塔羅牌的走向區分 正 逆 位！

自己表現。 → 意識覺醒。 正 接受審判。 逆 宇宙與自己合而為一。

19 太陽 **20 審判** **21 世界**

升級的關鍵

來自古代智慧的關鍵詞

在生命之樹當中
對應永遠－王國的路徑。意味著提醒。

在占星術當中
對應冥王星。意味著破壞、重生、生殖性。

生命之樹圖：
1 Kether 王冠
3 Binah 理解
2 Chokmah 智慧
Daath 知識
5 Geburah 判斷
4 Chesed 慈愛
6 Tiphareth 美
8 Hod 反響
7 Netsah 永遠
9 Yesod 基礎
10 Malkuth 王國

多重建議

這張牌是由「男人、女人和孩童」所組成，在他們對面也可以看到相同的人物。由此可見這張是象徵家庭幸福的一張牌。此外，從吹著號角的描繪，也帶有音樂及聲音相關的主題。

第Ⅰ章 解讀大阿爾克那的關鍵

世界 XXI

事情完美和諧地完成

四個角描繪了公牛、獅子、老鷹及人類（天使），代表宇宙能量。女人在裝飾著二條無限大符號緞帶的月桂花環中，手持二根指揮棒翩翩起舞。將陰陽合而為一，與宇宙法則完美協調。

XXI
THE WORLD.

第一章　解讀大阿爾克那的關鍵

Check①

位在四個角落的是 [命運之輪] 中也有出現的，預言者以西結幻覺中的動物。

▶ 表示宇宙的能量，意味高度意識的世界。

Check②

身裹布條充滿活力的女性，據說是雌雄同體。

▶ 本質的自我與男性特質、女性特質融合，從業報中獲得解放。

Check③

通過二個無限大符號的月桂花環，以及持有二根與 [魔術師] 相同的指揮棒。

▶ 表示整合極端對立的二個東西，擺脫糾葛得到自由。

Check④

月桂花環的圖案環繞著女人，形成大大的「0」。

▶ 象徵透過解放自我，回歸宇宙，返回「無」的境界。

除此之外！

由六十四卦組成的易經中，第六十三卦「水火既濟」代表完成，最後一卦「水火未濟」則以未完成告終。
塔羅牌編號21的[世界]，代表意識與宇宙最終合而為一。接下來在編號0的[愚者]會回歸無的境界。

這裡才是重點！

這張牌描繪了與自我對立的二種性質融合後保持協調，擺脫迷惘及糾葛得到自由的情形。這是一張代表幸福結局的牌。

正位牌 × 逆位牌的關鍵詞！

正		逆	
完成	幸福結局	未完成	尚有努力的空間
整合	圓滿	不完全	不滿

解讀的技巧就在這裡！

如果是戀愛

正 幸福結局的戀情。婚姻。關係圓滿卻難有進展。被愛與被人守護。十分滿足所以不願談戀愛。家庭圓滿。

逆 難以進展到婚姻的話題。與對方和諧的關係完全瓦解。應離開無法結識對象的環境。沒有完美無缺的對象。

如果是工作

正 完成規定的工作。確信是天職的工作。退休。完成重大工作。氣氛和諧的工作環境。工作以全世界為對象。

逆 預訂進度延遲。未完成的技術。必須努力才能取得成功。沒有其他問題卻無法善用才能。無法完全為自己負責。

如果是其他事情

正 現在正處於最佳狀態。受到保護的安全場所。滿足。舞蹈。自由。整合矛盾解放自我。因完成而結束。完結。

逆 不努力就不會有進展。在未完成下結束。了解其他的世界。無法滿足但是不會感到不幸。了解極限。失去和諧。

提示！

從塔羅牌的走向區分 正 逆 位！

任天由命。

在整合下完成。

20 審判

正 → 逆

了解未完成的一切。

21 世界

踏上新旅程。

0 愚者

升級的關鍵

來自古代智慧的關鍵詞

在生命之樹當中

對應反響－王國的路徑。意味著靜觀。

在占星術當中

對應土星。意味著努力、極限、責任。

1 Kether 王冠
2 Chokmah 智慧
3 Binah 理解
Daath 知識
4 Chesed 慈愛
5 Geburah 判斷
6 Tiphareth 美
7 Netsah 永遠
8 Hod 反響
9 Yesod 基礎
10 Malkuth 王國

多重建議

這張牌象徵著圓滿的結束，所以不能期望進一步的發展及成長。反而逆位牌才代表尚未完成所以仍有進步的空間。除了這張牌以外，解讀時將逆位牌視為肯定的涵義也很重要。

愚者

相信可能性並接受新的挑戰

旅人左手拿著玫瑰，代表他純潔的靈魂。他抬頭望向天空，似乎沒有留意到腳邊就是懸崖。因為年輕人正在空中描繪著自己從未見過的未來。袋子裡的是愛與智慧，也是靈魂的本質。

第Ⅰ章 —— 解讀大阿爾克那的關鍵

Check①

陽光照在他身上，背景為一片黃色。

▶ 黃色代表光明，意味著神的意識以及神的祝福。

Check②

衣服上的圖案是某種植物，而且還開花結實。

▶ 已經養成發揮才能、展現成果的能力。

Check③

使人聯想到他豪遊壯旅的連綿雪山與他走過的懸崖荒野。

▶ 他的才能尚未在外界發揮出來。

Check④

圖中描繪的白狗，似乎在唆使人前進，或是在發出警告。

▶ 白狗象徵純粹的忠誠之心。意味著他對神的想法。

除此之外！

靈魂是從完美的世界降臨到這個世界來認識自我，並踏上體驗愛與喜悅的人生旅程。
編號 0 的[愚者]表示從零開始。放下過去，讓自己淨空，透過體驗加以察覺。

這裡才是重點！

年輕人（愚者）活出現在的自己，不會受限於過去的成就或未來的成果。對未來抱持夢想，相信一切皆有可能，透過經驗了解自己需要什麼。

正位牌 × 逆位牌的關鍵詞！

正	
自由	沒有經驗
「0」	非凡

逆	
無知	知道愚蠢
沒有計畫	平凡

解讀的技巧就在這裡！

如果是戀愛

正 不清楚是否正在交往。奇怪的戀人。沒有束縛自由的交往關係。心意相通所以開始交往。

逆 為人風趣卻是不適合結婚的對象。不負責任的戀愛。看不到未來的交往關係。跟不上對方的感性。

如果是工作

正 善用個性及感性的工作。風險投資工作。與藝術和娛樂相關。挑戰沒有經驗的工作。四處旅行遊歷的工作。

逆 找不到穩定工作。失業求職的狀態。不適合工作的個性。兼職工作或自由業者。不屬於派系的人。工作毫無計畫。

如果是其他事情

正 嶄新的創意。超現實主義。精神不穩定。非凡的才能。不會受限於先入之見。活在當下。走出一條路。旅行。

逆 不知道自己真正想做的事。生活還過得去。平凡。意識到這是魯莽的挑戰。腳踏實地。了解自己的無知。

提示！ 從塔羅牌的走向區分 正 逆 位！

完成並回歸於無。　從「0」開始。

21 世界　THE WORLD.

→ 正

意識到自己的愚昧。　習得知識與技術。

0 愚者　THE FOOL.

→ 逆

1 魔術師　THE MAGICIAN.

升級的關鍵

來自古代智慧的關鍵詞

在生命之樹當中
對應反響－基礎的路徑。意味著學習。

在占星術當中
對應天王星。意味著非凡、獨立、個性。

1 Kether 王冠
2 Chokmah 智慧
3 Binah 理解
Daath 知識
4 Chesed 慈愛
5 Geburah 判斷
6 Tiphareth 美
7 Netsah 永遠
8 Hod 反響
9 Yesod 基礎
10 Malkuth 王國

多重建議

被稱作笨蛋的[愚者]，是察覺智慧的牌。如果是正位牌，你會意識到自己的可能性，並相信上天的引導繼續前進。如果是逆位牌的話，你會意識到眼前的懸崖，察覺魯莽的計畫以及自己的愚昧。這是一張體會智慧的牌。

第 II 章
解讀小阿爾克那的關鍵

　　塔羅牌中的56張小阿爾克那，由權杖、聖杯、寶劍、錢幣這四種牌組所組成，各牌組由1（Ace）～10的數字牌，以及侍衛、騎士、皇后、皇帝這4張宮廷牌所組成。

　　在小阿爾克那中，數字牌代表現象及行動的細節，數字牌的數字還可作為占卜時的答案；宮廷牌表示人物的個性及人際關係等等。精通小阿爾克那就能占卜出包羅萬象的事情，還能讓大阿爾克那指示下命中註定的事情更具體且有說服力。

牌組	元素	關鍵詞	對應生命之樹	對應撲克牌	40張數字牌（代表事件及行動的細節）										16張宮廷牌（人物個性及人際關係）			
					1	2	3	4	5	6	7	8	9	10	侍衛	騎士	皇后	皇帝
					開始	兩事物之間的關係	表現、創造、結束	穩定、物質的另一面	五感、活動	和諧、美、道路	永遠、神祕、混亂	努力、繼續、力量	精神層面感到充實	終點、下一代	單純、順從、學生	行動力、判斷狀況	包容、女性特質	責任、自信、自豪
權杖	火	熱情、活力、直覺	原型界	♣														
聖杯	水	接受度、情緒	型塑界	♥														
寶劍	風	社會性、理性	創造界	♠														
錢幣	土	繼續、物質	物質界	♦														

　　各個牌組都是從物質的四種元素衍生出特質。在牌組的關鍵詞與編號交叉處，可明確看出56張牌的特性。

對應生命之樹「質點」的數字牌與對應「四個世界」的宮廷牌

56張小阿爾克那對應著四棵生命之樹。一套牌組對應一棵生命之樹，數字牌相當於生命之樹的10個「質點」（Sephira）；宮廷牌相當於生命之樹當中的「四個世界」，即原型界、創造界、型塑界、物質界這四個領域。

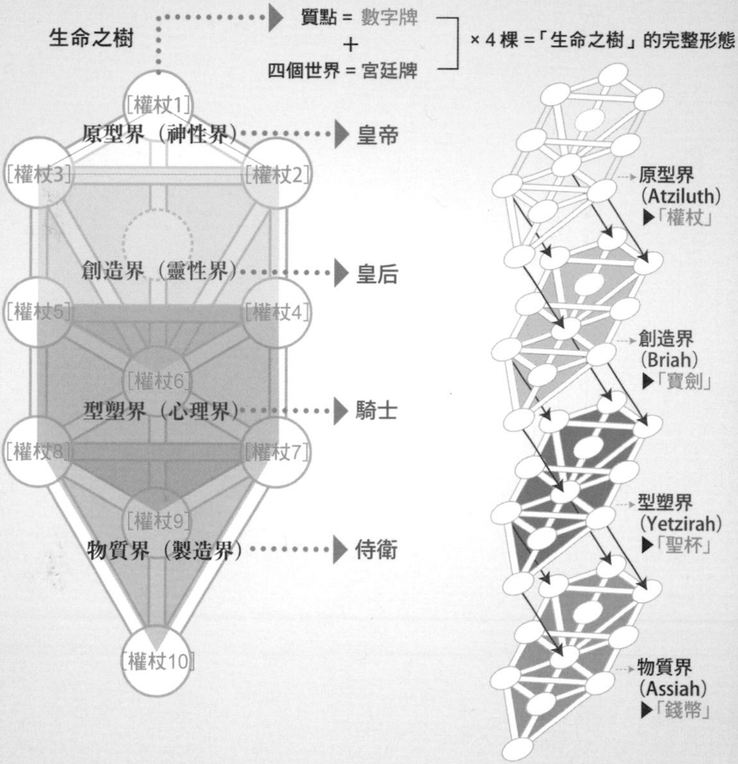

生命之樹 ‥‥‥‥‥▶ 質點＝數字牌
　　　　　　　　　　　　＋　　　　　　❳ × 4棵 ＝「生命之樹」的完整形態
　　　　　　　四個世界＝宮廷牌

[權杖1]

原型界（神性界）‥‥‥‥▶ 皇帝

[權杖3]　　　　　　[權杖2]

原型界
（Atziluth）
▶「權杖」

創造界（靈性界）‥‥‥‥▶ 皇后

[權杖5]　　　　　　[權杖4]

創造界
（Briah）
▶「寶劍」

[權杖6]

型塑界（心理界）‥‥‥‥▶ 騎士

[權杖8]　　　　　　[權杖7]

型塑界
（Yetzirah）
▶「聖杯」

[權杖9]

物質界（製造界）‥‥‥‥▶ 侍衛

物質界
（Assiah）
▶「錢幣」

[權杖10]

此外「四個世界」（即原型界、創造界、型塑界、物質界）中各有各的生命之樹（見右圖），對應四個牌組。而且一棵生命之樹當中也存在四個世界（見左圖）。了解卡牌中蘊藏的奧祕，會讓你在占卜時可以很容易與神聖能量產生連結，得到更強大的指引。

權杖（Wands）1（Ace）
開始新事物

權杖（火）＝活力、熱情、直覺	1＝開始

正	開始	新創意	正位牌 × 逆位牌 的關鍵詞！	逆	毫無方向	缺乏力量
	權力	活力			濫用權量	世代更迭

帶著葉片的權杖，意味著**神賜予的生命能量**。這張牌並沒有描繪人物，所以不是指示具體的行動。

ACE of WANDS.

Check①

神的手從雲中出現，伸出權杖。 ▶ 象徵高次元賜予的生命能量。

Check②

描繪出手掌一側，緊緊握著權杖。 ▶ 表示靠一己之力掌握、獲得別人給予的東西或能量。

這裡才是重點！

具有強烈的欲望與純粹的熱情以展開新事物。這種能量適合未來充滿創造性的活動。

解讀的技巧就在這裡！

如果是戀愛 ▶
- 正 開始一段穩定發展的新戀情。點燃心中愛火。
- 逆 新事物會破壞和平。試圖支配對手。

如果是工作 ▶
- 正 發揮領導能力。新的商機。負責指揮。
- 逆 聽天由命似乎會失敗。權力鬥爭。虛張聲勢。暴君。

如果是其他事情 ▶
- 正 新的挑戰。充滿幹勁。熱情。直覺。積極性。
- 逆 無法好好展現出熱忱。錯誤的開始。

多重建議 ［權杖1］這張牌比起其他的Ace，展開的意味更加強烈。意指指揮棒的傳遞，譬如在占卜繼承問題時就會出現。

權杖 (Wands) 2
懷抱野心展望一切

權杖（火）＝活力、熱情、直覺		2＝兩事物之間的關係	
野心	全球的	不顧一切	孤獨
二選一	社會榮耀	分離	工作上的犧牲

正　**逆**

正位牌 × 逆位牌的關鍵詞！

站在城堡上眺望自己建造的世界，野心勃勃地想要支配更大的世界。他右手拿著的地球儀代表了這一切。

Check①

右手拿著地球儀，站在城堡上方眺望著大海。 ▶ 從保險的角度，進一步全球性地觀察社會及整體狀況。

Check②

用左手握著二根權杖當中的一根。 ▶ 意味著二選一。

這裡才是重點！

意指要有堅定的願景，而不只是付諸行動而已。建議要充滿野心，思考能發揮才能的事情。

第II章　解讀小阿爾克那的關鍵

解讀的技巧就在這裡！

如果是戀愛
- 正 心意無法相通的時候。遠距離戀愛。工作優先於愛情。
- 逆 愛情越來越失去熱忱。違背心意。無力墜入愛河。

如果是工作
- 正 工作上取得成功。貿易相關的工作。榮譽。對未來的展望。
- 逆 為了目的犧牲生活。負擔與壓力。

如果是其他事情
- 正 懷抱野心。計劃未來。與外國有關。雄心壯志。
- 逆 因為焦慮而勉強自己。過勞而損害健康。畏懼。

多重建議　占卜如何做選擇時，如果出現了這張牌，最好要做出明確的決定。無法做判斷的話，建議停下腳步。

權杖 (Wands) 3
光明的未來即將展開

| 權杖（火）＝活力、熱情、直覺 | 3＝表現、創造、結束 |

正位牌 × 逆位牌的關鍵詞！

正
- 發展
- 胸懷大志
- 未來志向
- 前景看好

逆
- 後援
- 得到支持
- 憧憬遠方
- 停留

男人背對著站在山丘上。黃色的背景色十分明亮，代表**眼界開闊的光明未來**。晨光映照下的海灣裡，船隻來來去去。

heck①
男人用背對的姿勢站在山丘上。
▶ 現狀要從一無所有展望未來。

heck②
海灣裡好幾艘船來來去去。
▶ 象徵著貿易活躍以及情報流通。

這裡才是重點！
他寬闊的後背表示他的心胸寬大。發展需要胸懷大志，用積極的態度思考事情。

解讀的技巧就在這裡！

如果是戀愛
- 正 積極溝通。遠距離戀愛。從友情變成愛情。
- 逆 緩慢進展的戀情。憧憬的人。在愛情的支持下得到鼓勵。

如果是工作
- 正 充滿熱忱。將有所發展。貿易。密切關注事態發展。
- 逆 自己的意見得到支持。等待支援。發展。

如果是其他事情
- 正 自信會吸引他人。希望。友誼。留學。國外。
- 逆 理解支援。備份。監護人。等待友人。

多重建議
這張牌是從這個位置思考未來。出現在「未來」時，要解讀成從未來的時間點進一步思考後續的事情。

權杖 (Wands) 4
穩定生活的幸福

權杖（火）＝活力、熱情、直覺	4＝穩定、物質的另一面

	招待	正	祝福	正位牌 × 逆位牌 的關鍵詞！	不受歡迎	逆	生活的煩惱
	出發		裝飾		過度裝飾		難以進入

四根權杖裝飾成門一樣。大城堡前的庭院裡在舉行派對，男女高舉花束，舉手表示歡迎。

Check①

權杖裝飾成大門一樣，正在舉行花園派對。 ▶ 派對等慶祝場合象徵喜悅、歡樂。

Check②

權杖大門的內側，有男女手持花束表達祝福。 ▶ 意味著良好的男女關係與夫妻關係、家庭圓滿。

這裡才是重點！

正因為描繪的男女相處和諧，才能邀請別人入內，也能歡送別人離開。這張牌意味著祝福。

解讀的技巧就在這裡！

如果是戀愛	正 受到祝福的婚姻。得到家人的同意。在派對上結識。
	逆 陷入停滯期。難以得到父母理解的交往關係。門第差異。
如果是工作	正 與建築、外部結構、住宅相關的工作。工作環境氣氛愉悅。
	逆 與結婚有關的工作。需要設法廣告、公告。工作成果。
如果是其他事情	正 結果穩定。家庭幸福。獨棟式住宅。庭院。和平。
	逆 沒問題但開心不起來。延遲出發。奢侈。空閒。

多重建議　這張牌既是目的地，也是起點。解讀方式會依占卜的目的及時間軸的定位而異。

第Ⅱ章 — 解讀小阿爾克那的關鍵

權杖（Wands）5
因意見不合出現紛爭

權杖（火）＝活力、熱情、直覺		5＝五感、活動	

正	競爭	權力融合	正位牌 × 逆位牌 的關鍵詞！	逆	暫時休戰	化敵為友
	生存競爭	人人各異			意見相左	烏合之眾

一群孩子看似正在合力創造某些東西，或是手持權杖正在競賽，背景色是安詳的藍色。

Check①

五名少年的衣服顏色及圖案都不相同。 ▶ 各自有不同的個性及感性，相互衝突。

Check②

孩子們在青空下的草原上，揮舞著權杖。 ▶ 代表運動之類的競賽，而不是爭鬥。

這裡才是重點！

這張牌表示與他人相互爭執，但是也意味著自己內心發生的衝突。

第Ⅱ章 解讀小阿爾克那的關鍵

解讀的技巧就在這裡！

如果是戀愛 ▶
正 情敵眾多的戀情。談情說愛。享受愛情遊戲。
逆 情緒亢奮卻還是沒有戀愛的感覺。輸給對手。

如果是工作 ▶
正 競爭激烈的工作。集會。討論。忙碌時期。
逆 競爭對手多。喪失目標。磋商。沒有結果的談判。

如果是其他事情 ▶
正 切磋琢磨。置身其中。忙碌。訴訟。糾紛。
逆 敗訴。雨過天晴。厭倦了衝突。磨耗。

多重建議
這張牌意指糾紛難以解決。如果是逆位牌，意味著訟訴失敗，所以最好要避免訴訟。

權杖 (Wands) 6
獲勝並前進

權杖（火）＝活力、熱情、直覺	6＝和諧、美、道路

正	前進	勝利	正位牌 × 逆位牌的關鍵詞！	逆	失敗	阻礙前進
	凱旋	光榮			害怕失敗	不贊同

戴著月桂花環的年輕人騎著馬，手持權杖與同伴一同凱旋歸來。月桂花環代表勝利的祝賀。

Check①
戴著桂冠的男子獨自騎著馬前進。
▶ 從獨自騎馬的情景來看，意指在競賽中脫穎而出的贏家。

Check②
騎著馬的人，與一群年輕人一同前進。
▶ 團體合作贏得的勝利。或是相互贊揚一同作戰一事。

這裡才是重點！
由於是編號「6」的牌，所以即便獲勝了也不會感到孤立，能與他人和周遭的人保持和諧；亦代表前往編號「6」指示的「道路」。

第Ⅱ章 解讀小阿爾克那的關鍵

解讀的技巧就在這裡！

如果是戀愛
正 戀愛成功。進展順利。愛情中的贏家。可以得到支持的戀情。
逆 喪失自信而無法前進。沒有進展的戀情。被人甩了。

如果是工作
正 生意上的好消息。成功的通知。團隊合作的勝利。
逆 無法在競爭中獲勝。提不起勁的工作。沒有支援。

如果是其他事情
正 好消息。期待未來的進展。成功。友情。
逆 遲來的通知。停滯不前。不如預期中那麼好。敗北。

多重建議
代表事情會進展順利並取得勝利的一張牌，這也是會讓你從此進一步往未來邁進的一張牌。要好好思考光明的未來。

權杖 (Wands) 7
贏家的孤獨戰鬥

權杖（火）=活力、熱情、直覺		7=永遠、神祕、混亂	
繼續獲勝	優勢地位	孤獨的戰鬥	差異化
一人獲勝	應戰	被人壓制	競爭加劇

正 正位牌 × 逆位牌 **逆**
的關鍵詞！

男人正在**小心翼翼地反擊**由下往上不斷發出攻擊的六根權杖。來自下方的攻擊不會傷及男人，所以他是處於**優勢展開反擊**。

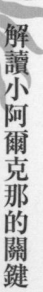

第II章 —— 解讀小阿爾克那的關鍵

Check①

六根權杖由下往上攻擊男人。 ▶ **接連出現挑戰贏家的人。**

Check②

男人穿的鞋子左右不同。 ▶ **表示無暇思考且慌亂的模樣。**

這裡才是重點！

雖然攻擊不到你，但是你也看不見敵人。
小心應戰也不知道與誰對戰、為何而戰。
根本不了解敵人也無暇思考。

解讀的技巧就在這裡！

如果是戀愛
- 正 向喜歡的人告白。為了守護愛情而展開行動。熱情如火的愛。
- 逆 唱獨腳戲的戀愛。忙碌而無暇戀愛。情敵眾多。

如果是工作
- 正 保持最佳的銷售業績。逐一完成工作。十分忙碌。
- 逆 不在乎、裝模作樣。被迫回應。由下向上推。

如果是其他事情
- 正 處於優勢。勇氣。勝利。難以維持現狀。
- 逆 與對手失去差距。沒有餘裕。敗北。

多重建議 這張牌描繪了男人移動的模樣。這表示活躍的行動，意味著在現在進行式下擴大的可能性。

權杖 (Wands) 8
事情穩定進展

權杖（火）＝活力、熱情、直覺		8＝努力、繼續、力量	

正	時間流逝	速度	**正位牌 × 逆位牌的關鍵詞！**	**逆**	滯留	延遲
	陸續推出	放手離開			緩慢移動	過頭

描繪了**連續八根權杖**，似乎正飛向某方。背後是青空下緩慢流淌的河流，表示大自然的流動。

Check①

連續八根權杖飛過空中。 ▶ 表示能量接連快速地流動著。

Check②

背景描繪了一片丘陵地區，青空下有一條河川流經。 ▶ 暗示沒什麼大問題，維持平穩的狀態。

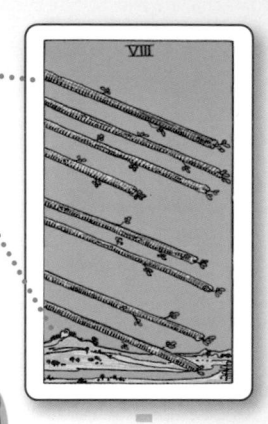

這裡才是重點！

無法掌控的事物，超出了這個人的意志，只能靜待結果出來；表示這段期間的一張牌。

解讀的技巧就在這裡！

如果是戀愛	➡	**正** 多次敲擊對方的心門。積極的表白。活力十足的戀情。
		逆 敷衍的關係。隨便應付對方及事物。持續邀請。

如果是工作	➡	**正** 迅速處理訊息。傳遞訊息或物流相關的工作。異動。
		逆 重蹈覆轍。沒有反應。上班遲到。等待結果。

如果是其他事情	➡	**正** 光陰似箭。傳遞消息。乘勝追擊。
		逆 一日三秋。只能朝著一個方向前進。惰性。無法傳達。

多重建議 這張牌沒有描繪人物，表示人類力量無法企及。這張牌代表著時間的流逝和間隔時間。

權杖（Wands）9
做好準備靜心等待

權杖（火）＝活力、熱情、直覺	9＝精神層面感到充實

正			正位牌 × 逆位牌 的關鍵詞！	逆	
臨機應變	做足準備			意外失去	準備不足
準備周全	觀察情況			延遲出發	被害者意識

男人雙手緊握一根權杖，另八根權杖並排於身後，似乎在警戒什麼。男人在觀察對方的狀態，同時做好準備。

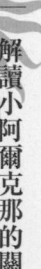

第II章 — 解讀小阿爾克那的關鍵

Check①

男人緊握一根權杖，凝視著另一方，一副警戒的表情。 ▶ 採取防禦姿勢，同時也在拿捏攻擊的時機。

Check②

身後排列著八根權杖。 ▶ 表示做足準備的狀態。

這裡才是重點！

表示如果要開始進行某件事，就算慢了一步，也要掌握情勢並做足準備，會比馬上著手去做來得重要。

解讀的技巧就在這裡！

如果是戀愛	正 了解對方的立場及感受。相信對方並等待。
	逆 不感興趣卻有相親活動。等到不耐煩。急著結婚。
如果是工作	正 調整計畫。觀察對方的態度。在奮戰中休息片刻。
	逆 直到最後都不要鬆懈。被對手乘機搶先。
如果是其他事情	正 緊張狀態。加強守備。準備周全。克服困難。
	逆 過於警戒。粗心是大敵。受傷。輕忽最後關頭而敗

多重建議 權杖是代表活動或發展要素的牌組。[權杖9]意指防禦或加強防禦。為守護的東西而戰。

權杖 (Wands) 10
感到負擔的狀態

權杖 (火)=活力、熱情、直覺		10=終點、下一代	

	負擔	達成目的	**正位牌 × 逆位牌 的關鍵詞！**	放手	放棄	
正	沒有餘裕	限度		斷念	疲勞	**逆**

男人獨自抱著十根權杖，雙手都塞滿了，儘管如此他仍繼續前行。他走向的目的地，描繪著一棟房屋。

Check①

抱著大量權杖，雙手塞滿東西。

▶ 表示用盡方法已經無計可施的狀態，亦指無法接受任何事情的狀態。

Check②

男人抱著權杖，視線都被遮蔽了。

▶ 意味著受限於現狀，看不見、聽不見的狀態。

這裡才是重點！

因為看見了的目標，所以情況再艱難還是想靠一己之力去實現。但是這可能是自私的目標。

解讀的技巧就在這裡！

如果是戀愛	▶▶	**正** 依依不捨。充滿情緒。戀愛的煩惱。詛咒。 **逆** 放棄痛苦的戀情。放棄依戀。因失戀而自暴自棄。
如果是工作	▶▶	**正** 貫徹到底。工作壓力。承受負擔。 **逆** 體力勞動。過勞而累垮。無法承擔一切。
如果是其他事情	▶▶	**正** 承擔過多。困難時期即將結束。壓迫。困難。 **逆** 放棄執著。改變想法。挫折。疲勞困頓。

多重建議

[權杖10] 表示貫徹到底的熱忱。意味著雖然現在情勢艱困，但是這種情況即將結束。

POINT **33**

權杖（Wands）侍衛
傳遞訊息的信使

| 權杖（火）＝活力、熱情、直覺 | | 侍衛＝單純、順從、學生 | |

正	信使	活潑的孩子	正位牌 × 逆位牌的關鍵詞！	逆	衝動的想法	想要脫穎而出
	坦率	受歡迎的人			叛逆的孩子	不成熟

以金字塔為背景，朝氣十足且活潑好動的少年仰望著青空胸懷大志。他衣服上的蜥蜴圖案，象徵著火的能量。

Check①

背景描繪了一面青空。 ▶ 藍色是象徵高度靈性世界的顏色，這裡表示和平的狀態。

Check②

帽子上的紅色羽毛以及靴子上的流蘇，就像火焰的形狀。 ▶ 表示少年十分活潑且充滿熱情。

PAGE of WANDS.

這裡才是重點！

[侍衛權杖]是天真無邪且充滿活力的少男少女。表示誠實面對內心想法而活的性格，渴望被愛、渴望被人關注、渴望成長。

第Ⅱ章 解讀小阿爾克那的關鍵

解讀的技巧就在這裡！

如果是戀愛
正 可愛的戀人。深愛的人。享受戀情。單純的愛意。
逆 對喜歡的人使壞。任性妄為的戀人。無法聯繫。

如果是工作
正 順從指示。對工作充滿夢想。送貨員。正在訓練中。
逆 兼職工作。不聽勸告。跑腿。不成熟且不可靠。

如果是其他事情
正 好奇心旺盛。積極主動。不成熟但十分努力。
逆 希望引人關注才會說謊。溝通不足。

多重建議 占卜時出現[權杖侍衛]與[聖杯侍衛]的話，意指相互刺激的關係，也就是對手的意思。

權杖（Wands）騎士
充滿熱迎向挑戰

POINT
34

權杖（火）＝活力、熱情、直覺	騎士＝行動力、判斷狀況

正位牌 × 逆位牌的關鍵詞！

正 活躍　交涉　移動　愛慕虛榮

逆 沒耐性　威嚇　畏懼　衝動

騎士身穿盔甲，卻不像在打仗的樣子，而是**前去談判**。他穿戴火焰造型的服飾，衣冠楚楚，策馬奔騰。

Check①
穿戴火焰造型的服飾，衣冠楚楚。
▶ 火焰象徵熱情。表現出衣冠楚楚、氣質非凡的男子氣慨。

Check②
紅馬威風凜凜地抬起前腿。
▶ 躍起的紅馬象徵年輕的能量；克服障礙的力量。

KNIGHT of WANDS.

第Ⅱ章　解讀小阿爾克那的關鍵

這裡才是重點！
躍起的馬象徵脾氣暴躁的馬。騎在馬上操縱自如的騎士，擁有凌駕馬匹本性的熱情和愛。

解讀的技巧就在這裡！

如果是戀愛
正 男性熱情的追求。直白的愛。熾熱的愛。
逆 自私的愛情表現。強人所難的男性。虛有其表的男性。

如果是工作
正 工作上的好消息。異動。業務員。出人頭地。有利的談判。
逆 強人所難的做法會適得其反。談判很難達成。

如果是其他事情
正 積極的行動。運動員。活動開始。有為青年。
逆 衝動的行動。強烈的自我主張。從嫉妒變成攻擊。

多重建議 騎士牌中馬的姿態就是騎士的性格。［權杖騎士］代表熱情且具叛逆精神的活躍青年。

權杖（Wands）皇后
開朗且包容的母性魅力

權杖（火）＝活力、熱情、直覺		皇后＝包容、女性特質	
母親	有魅力的女人	女王氣勢	過度干涉
充實的生活	親切	推卸責任	沒有魅力

正 | 正位牌 × 逆位牌 的關鍵詞！ | **逆**

皇后右手握著權杖，左手拿著向日葵，代表她開朗的性格與魅力。腳邊的貓象徵著多子多孫。

QUEEN of WANDS.

Check①

皇后左手拿著向日葵。 ▶ 朝著太陽綻放，生成更多的養分；接收陽光的花朵。

Check②

腳下的黑貓。 ▶ 黑貓表示溫柔的女性特質，和藹可親又順從。

這裡才是重點！

這張牌代表開朗、愛照顧別人、迷人的女性。包容一切，並且有能力培育她們接受的事物。

解讀的技巧就在這裡！

如果是戀愛
- 正 培育男性的才能。年長的妻子。靠魅力吸引異性。
- 逆 母親干涉。有戀母情結的男性。女性主導的戀愛。

如果是工作
- 正 經營女性取向的商品。女性很多的職場。女性企業家。
- 逆 方針不時改變的女主管。不工作的女性。公私混淆。

如果是其他事情
- 正 女性的魅力。母性。善良。守護家人的力量。
- 逆 缺乏可愛或魅力。嫉妒心。厚顏無恥。愛管閒事。

多重建議　皇后牌代表女性的各種特質。[權杖皇后] 表示母性、母親以及有養育小孩經驗的女性。

權杖（Wands）皇帝
無上的權力

權杖（火）＝活力、熱情、直覺	皇帝＝責任、自信、自豪

父親	正	無上的	正位牌 × 逆位牌 的關鍵詞！	獨裁老闆	逆	自我表現欲
企業家		自豪		封建		傲慢的自誇

頭戴火焰造型的王冠，表示**如火焰般熾熱的激情**。他坐在高高的王座上，椅背上描繪著蜥蜴和獅子，象徵著崇高與權威。

Check①
身穿紅衣的皇帝，披著有蜥蜴圖案的黃色斗篷。
▶ 紅色代表熾熱的心，蜥蜴圖案的黃色斗篷象徵著才智。

Check②
腳下描繪的黑蜥蜴曝曬在陽光下。
▶ 蜥蜴具向光性，所以被引用成尋求靈魂光明的特性。

KING of WANDS.

這裡才是重點！

［權杖皇帝］充滿自豪與熱情。利用自己的知識、經驗及精力進行社會活動，是一名無上的領導者。

解讀的技巧就在這裡！

如果是戀愛	正 可靠的年長男性。在父親的影響下選擇伴侶。
	逆 男性占主導地位。戀父情結的女性。受已婚或年長男性歡迎。
如果是工作	正 能力超群且熱情的上司。對工作感到自豪。導演。創始人。
	逆 在獨裁統治下工作。過於激烈因此沒人跟得上。暴君。
如果是其他事情	正 為自己感到驕傲。激勵眾人的能量。
	逆 試圖用權力讓一切如願達成。頑固的父親。

多重建議　權杖宮廷牌的特質是熱情又強烈的自我表現慾，尤其［權杖皇帝］是表示該組織、業界的代表性人物。

第Ⅱ章　解讀小阿爾克那的關鍵

聖杯 (Cups) 1 (Ace)
愛與歡樂的開始

聖杯（水）＝情緒、接受度		1＝開始	
正 愛情的開始 / 豐富的感情	正位牌 × 逆位牌 的關鍵詞！	**逆** 對愛感到不安 / 情緒不穩定	
包容 / 滿足		隨波逐流 / 溺愛	

聖杯是女性特質的象徵，俯衝而下的鴿子則象徵著男性特質。聖杯形成五條水柱滿溢而出，代表人世間**充滿了愛**。

ACE of CUPS.

Check①
聖杯上描繪著一個倒過來的字母「M」。 ▶ **希伯來文的字母M，是水的意思。**

Check②
沼澤裡有蓮花盛開。 ▶ **讓負面情緒昇華，代表純化後的愛的能量。**

這裡才是重點！
[聖杯1] 代表開始，表示情感根源充滿愛的純潔特質，意味著喜悅的體驗即將開始。

解讀的技巧就在這裡！

如果是戀愛
- 正 愛與被愛的喜悅。婚姻。新戀情的開始。懷孕。生產。
- 逆 虛假的愛情。對新戀情感到不安。被氣氛沖昏頭。盲目的愛。

如果是工作
- 正 適合女性的工作。服務業。善用感性。接受工作。
- 逆 出於情感接受工作。浪費很多。服務過度。

如果是其他事情
- 正 從接受事物開始做起。滿足感。喜悅。幸福。
- 逆 無法控制情緒。給的太多。空虛。

多重建議
愛像巨大聖杯冒出的泉水一樣滿溢而出，表示接受的愛與給予的愛、戀愛以及男女關係之間愛與被愛的喜悅。

聖杯（Cups）2
相互給予的關係

聖杯（水）＝情緒、接受度	2＝兩事物之間的關係

正	彼此相通	友好關係		**逆**	不和	合約不成立
	整合	立誓合約			難以接受	感情差異

正位牌 × 逆位牌
的關鍵詞！

男女面對面，交杯表示愛意。牌中描繪了二人之間有一根雙蛇交纏的權杖，精靈在守護著二人。

Check①

男性正在呼喚女性。 ▶ 表示男性特質充滿主動性，女性特質則是呈現被動性。

Check②

煉金術之神赫密士手中握有雙蛇交纏的商神杖（Caduceus）。 ▶ 透過陰陽能量的交流，與更高層次的能量連結。

這裡才是重點！

表示戀愛的牌。意味著呼喚女性的男性、接受男性的女性，二人的感情一致，合而為一。

解讀的技巧就在這裡！

如果是戀愛	▶	正 浪漫的愛情。相戀相愛。堅定的感情。婚禮。日期。
		逆 無法接受對方的心意。女性較積極的戀情。

如果是工作	▶	正 業務合作。合約成立。工作夥伴。一對一共事的工作。
		逆 洽談合作計畫。違反合約。職場不和諧。

如 果 是 其他事情	▶	正 二人合作的事情。心意相通。友情。承諾。
		逆 關係變疏遠。意見分歧。違反承諾。

多重建議　各個牌組中編號「2」的牌，皆表示兩事物之間的關係：權杖代表分離，聖杯代表整合團結，寶劍代表和諧，錢幣代表交流。

聖杯（Cups）3
慶祝美好成果

聖杯（水）=情緒、接受度		3=表現、創造、結束	
慶祝成果	圓滿的關係	不知分寸	快樂的
繁榮	文藝	糟糕的夥伴	奢侈

正位牌 × 逆位牌的關鍵詞！

正 **逆**

三名年輕女性手舉聖杯婆娑起舞。腳下擺著南瓜及葡萄等象徵五穀豐登的農作物，慶祝豐收。

Check①

宛如主掌愛、謙虛、美麗之三美神般的年輕女性。

▶ 三美神是美與豐收的女神，代表愛慾、純潔以及美。

Check②

年輕貌美的女性慶祝豐收而婆娑起舞。

▶ 像巫女之舞一樣向上天獻舞，代表藝術及文藝。

這裡才是重點！

這張牌描繪了豐收祭的舞者，意味著慶祝成功。與很多人分享喜悅時，幸福感就會倍增。

解讀的技巧就在這裡！

如果是戀愛
- 正 擁有很多愛的女性。在派對上相識。宴會。快樂的戀愛。
- 逆 喜歡女性的男性。花心的女性。只是玩玩的愛情。沉迷性愛。

如果是工作
- 正 娛樂相關的工作。美容。時尚相關的工作。藝妓。
- 逆 與活動相關的工作。酒席的接待人員。輕鬆賺錢的工作。

如果是其他事情
- 正 人際關係的發展。祝福。舞蹈。美感。
- 逆 玩太多了。沉醉在快樂之中。擺脫困境。嘈雜。

多重建議 牌中描繪了三名女性正在飲酒作樂，用現代術語來說的話，意味著女性聚會，或表示一群人共聚一堂。

聖杯 (Cups) 4

接受並思考現狀

聖杯（水）＝情緒、接受度	4＝穩定、物質的另一面

	正位牌 × 逆位牌的關鍵詞！		
正 思考的時候 倦怠		正面思想 創新想法 **逆**	
正 欲求不滿 獨自一人		有援助 冥想 **逆**	

男人坐在樹下，將三個聖杯排成一排，雙臂交叉沉思著。神之手憑空出現，伸出了新的聖杯，但是男人卻沒有察覺到。

heck①

坐在樹下，雙臂交叉沉思著。 ▶ 身處在寧靜的地方，手腳交叉表示專注於內心世界。

heck②

神之手憑空出現，伸出聖杯。 ▶ 利用靈光一閃的方式，提醒當事人要接受新事物及觀念。

這裡才是重點！

除了編號1之外，唯一出現神之手的一張牌，顯示能量從神性世界帶到了物質世界。這張牌表示靈感。

解讀的技巧就在這裡！

如果是戀愛
- **正** 即使有邂逅的機會也不會動心。無法滿足的愛。倦怠期。
- **逆** 新戀情的機會。新事件打破倦怠期。

如果是工作
- **正** 對工作不滿。獨自緩慢地工作。思考比行動更重要的時刻。
- **逆** 利用新創意抓住機會。出現贊助商。

如果是其他事情
- **正** 獨自思考。放鬆。休息。無法接受。
- **逆** 新的可能性會改變現狀。新的人生目標。

多重建議
正位牌可解讀成獨自思考，逆位牌可解讀成充分思考並放鬆之後的結果、浮現新創意。

第II章　解讀小阿爾克那的關鍵

聖杯（Cups）5
因失去而悲傷

聖杯（水）＝情緒、接受度		5＝五感、活動	
覆水難收	**正** 失落感	發現可能性	**逆** 復原
孤獨	自我憐憫	反省	希望

正位牌 × 逆位牌的關鍵詞！

男人低頭呆立在倒下的聖杯前方。三個聖杯倒下，紅酒灑出；男人背後還留有二個聖杯。

第Ⅱ章 解讀小阿爾克那的關鍵

heck①

有一條河，遠方有座橋，看得到一棟房子。

▶ 暗示繞遠路的話，就能到達自己的目的地。

heck②

三個聖杯倒下，男人背後還留有二個聖杯。

▶ 表示五個當中，失去了3/5，但是還留有2/5。

這裡才是重點！

黑色斗篷代表絕望。正位牌是表示自己感到無能為力，逆位牌是從打擊中重新站起來，發現還留有可能性。

解讀的技巧就在這裡！

如果是戀愛
正 認為對方的感情已經漸行漸遠。接受政治聯姻。
逆 即使失戀了也會意識到自己是被愛的。有可能復合。

如果是工作
正 對工作疏失感到後悔。繼承不想繼承的家業。失敗的感覺。
逆 不想做的工作也會慢慢習慣並發現工作價值。

如果是其他事情
正 心神喪失的狀態。震驚之餘無法平復。損失3/5。
逆 失去後才意識到。即使不喜歡也要試著接受。

多重建議 紅酒象徵血；有時是表示為了家人及血親，即便不想接受也必須接受某些事情。

聖杯 (Cups) 6
過去的回憶

聖杯（水）＝情緒、接受度	6＝和諧、美、道路

正	約定	孩子	正位牌 × 逆位牌 的關鍵詞！	逆	個人的成長	幼稚
	幸福的記憶	禮物			溫故知新	痛苦的回憶

聖杯擺放在廢棄房屋的庭院裡並裝飾著白花。男孩將聖杯送給小女孩，廢棄房屋的看守人並沒有發現孩子的存在。

heck①

廢棄房屋與離去的看守人。 ▶ 廢棄房屋表示過去，而看守的大人從過去走向現在。

heck②

五片花瓣的白花裝飾在聖杯上。 ▶ 花朵代表純潔的愛情，裝飾品表示美化一切。

VI

這裡才是重點！

這牌代表過去、現在、未來這個時間軸裡的過去，表示過去的記憶和童年的回憶。

解讀的技巧就在這裡！

如果是戀愛	正 初戀。年幼的愛情。靈魂伴侶。送禮給喜歡的人。
	逆 符合年紀的交往方式。稚氣的甜蜜。過去的戀情。
如果是工作	正 與孩子有關的工作。抱持工作夢想。眼神交流。
	逆 活用前人智慧於工作當中。提升技能。
如果是其他事情	正 古老建築。純潔度。童年的影響。懷舊。
	逆 活用過去的經驗。執著於過去。記憶。

多重建議 這張牌所顯示的孩子，並不只是自己的童年，還表示與孩童相關的事情與自己本身的幼稚性格。

聖杯 (Cups) 7
在心裡描繪夢想及理想

| 聖杯（水）＝情緒、接受度 | 7＝永遠、神祕、混亂 |

| **正** 迷失自我　神祕的　夢想　精神不穩定 | 正位牌 × 逆位牌 的關鍵詞！ | **逆** 明智的願景　從夢中醒來　心靈訊息　接受現實 |

被雲中神祕的存在所吸引，七個聖杯中冒出了各種欲望及妄想的情境。男人似乎在這些幻想中迷失了自我。

第Ⅱ章 — 解讀小阿爾克那的關鍵

Check①
聖杯中浮現各種想像的畫面，諸如女人、城堡、金銀財寶、桂冠等等。
▶ 蛇是智慧，龍是能量。象徵男性的願望及恐懼等等。

Check②
在鮮豔的聖杯底下，描繪著充滿驚愕的黑色男性身影。
▶ 意味著男人的意識存在想像的世界而不在肉身。

這裡才是重點！
這張牌並沒有提到幻影或靈感是否屬於相同性質，或是正確的啟示。這張牌是表示看到夢想。

解讀的技巧就在這裡！

如果是戀愛
正 憧憬愛情。沉迷於愛情幻想當中。想像理想的伴侶。單相思。
逆 發現沒有對象會如想像中的一樣。從愛情的夢中醒來。

如果是工作
正 運用想像力的工作，譬如藝術創作等等。工作沒有成果。
逆 不要追逐理想而要考慮現實。沒有想法。

如果是其他事情
正 沉迷於某件事當中。不切實際。幻想。逃避現實。
逆 被一場夢療癒。靈感。擺脫壞習慣。

多重建議 [聖杯7] 和 [愚者] 表示精神不穩定的狀態；[聖杯7] 和 [星星] 意指在夢中得到療癒；[聖杯7] 和 [高塔] 表示夢想幻滅。

聖杯（Cups）8
拿出勇氣停下腳步

聖杯（水）＝情緒、接受度		8＝努力、繼續、力量	

正 | 興趣轉移 | 挫折 |
| 放棄 | 掛念 |

正位牌 × 逆位牌的關鍵詞！

逆 | 看清現實 | 重做 |
| 檢討 | 重新燃起興趣 |

男人排放聖杯只做了一半似乎就失去興趣，留下聖杯後便離去。穿著紅衣的他拋下眼前的聖杯，離開去尋找別的東西。

Check①

月亮就像在守護一樣，看著紅衣男人離去。 ▶ 月亮意指變心，紅衣男子表示熱情褪去。

Check②

第一排擺著五個聖杯，第二排擺著三個聖杯。 ▶ 往上堆高卻半途而廢，所以第二層沒有排列完。

VIII

這裡才是重點！

聖杯堆高的地方，是靠近淺灘的水濱。意味著現在狀況不佳，所以要尋找新的地方展開行動。

解讀的技巧就在這裡！

如果是戀愛
- 正 對對方失去興趣。雖然捨不得還是分手了。分手的時機。
- 逆 復合。依依不捨。對（新）戀情充滿興趣。

如果是工作
- 正 因想法不同而放棄負責。開始著手其他工作。撤退。
- 逆 堅持到底。失去的機會又回來了。挽回。

如果是其他事情
- 正 接受現狀斷了念頭。變心。
- 逆 不再留戀。起死回生。做到最後。

多重建議
[聖杯8]的涵義會隨著心理狀態而出現不同的解釋，正逆位並不重要。其他牌也是如此，正逆位分開解讀會有模糊空間。

聖杯 (Cups) 9
努力的結果是成功

聖杯（水）＝情緒、接受度		9＝精神層面感到充實	
工作上的成功	自信滿滿	努力取得成功	傲慢
人生充實	願望實現	(物質上的) 貪婪	自負

正位牌 × 逆位牌的關鍵詞！

正 正位牌　逆 逆位牌

九個聖杯像優勝獎杯一樣陳列在圓弧形架子上。商人打扮的男子站在前方，自信且驕傲地交叉雙臂。

Check①

架子掛上代表高貴的藍布，上頭陳列著聖杯。

▶ 男人只要起身，隨時都能拿起架上的聖杯。

Check②

男性商人雙臂交叉坐著。

▶ 充滿自信可以完全了解客人的需求。

這裡才是重點！

男人坐在簡陋的椅子上，身後擺著聖杯沾沾自滿。由此可說明這個男人飛黃騰達、功成名就。

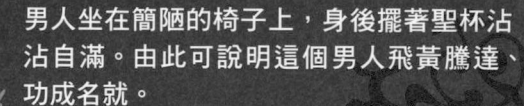

解讀的技巧就在這裡！

如果是戀愛
- 正 具有經濟實力的男性。自信被人所愛。娶妻。期望的對象。
- 逆 靠經濟實力獲得愛情。妥協並接受對方。沾沾自喜。

如果是工作
- 正 對工作感到自豪。回應需求。達成目的。名譽。
- 逆 妥協後開始工作。過於以利益為優先。結果不好也不壞。

如果是其他事情
- 正 身體健康。努力的結果將會顯現。物質上的成功。
- 逆 成功需要努力。謙虛很重要。暴飲暴食。

多重建議　這張牌在小阿爾克那中是表示願望實現的好牌，被稱作「願望卡」。代表到目前為止所做的一切會在最後取得成功。

聖杯 (Cups) 10
達成目標帶來的快樂

聖杯（水）＝情緒、接受度		10＝終點、下一代	

	家族的幸福	未來的夢想			遠大的理想	遙不可及的夢想
正	構築理想	實現夢想	正位牌 × 逆位牌的關鍵詞！	逆	飽和狀態	虛假的幸福

感情和睦的男女雙手張開，朝向天空彩虹上並排的聖杯，為奇蹟而感動。孩子手牽著手，快樂地手舞足蹈。

Check①

聖杯並排在遙不可及的彩虹上。
▶ 愛使人充滿幸福，愛和幸福會傳播到全世界。

Check②

成雙作對的男女與手舞足蹈的孩子。
▶ 夫婦的幸福與孩子的幸福，暗示下一代的發展。

這裡才是重點！

意味著成熟大人之間的婚姻。因為彼此穩定才能包容別人，互助合作，邁向人生的下一個階段。

第Ⅱ章 解讀小阿爾克那的關鍵

解讀的技巧就在這裡！

如果是戀愛	正	適合中年以後的婚姻。受到祝福的再婚。幸福的家庭生活。
	逆	過於幸福反而不安。關係不和睦。對婚姻感到焦慮及失望。
如果是工作	正	達成目標。社會貢獻。為下一代的發展著想。
	逆	失去目標。掩飾帳目。玩忽職守。換工作。對工作厭倦。
如果是其他事情	正	家庭圓滿。安居之地。真正的滿足。和平。幸福感。
	逆	做不到。不夠感恩。對未來感到焦慮。

多重建議　彩虹上閃耀的聖杯象徵奇蹟及幸福，意味著幸福將傳遍全世界，這是一張理想主義者容易出現的牌。

聖杯（Cups）侍衛
提出靈光一閃的想法

聖杯（水）＝情緒、接受度		侍衛＝單純、順從、學生	
漂亮的孩子	創意	妄想	謊言
提案	想像力豐富	多愁善感	優柔寡斷

正位牌 × 逆位牌的關鍵詞！

穿著美麗服飾的少年用右手伸出裡頭裝有魚的聖杯，像是在向某人展示一般。少年左手插腰，得意洋洋。

PAGE of CUPS.

Check①

魚從聖杯冒了出來。 ▶ 水中生物從水中冒出，代表來自潛意識的訊息。

Check②

少年站在水邊，背後是一片湖泊。 ▶ 水象徵內心，而少年站在潛意識與顯意識的邊界上。

這裡才是重點！

魚表示來自潛意識的創意浮現出來。類似孩子活在幻想與現實之間的意識狀態。

解讀的技巧就在這裡！

如果是戀愛
- 正 約會的邀請。告白。浪漫的愛情。想要守護的人。
- 逆 對方不敢相信。反覆無常的愛意。不得要領。

如果是工作
- 正 提出建議。善用感性。演藝圈。細心工作。
- 逆 充分掌握現實。難以適應工作環境。

如果是其他事情
- 正 誠實表現情緒。順從度。充滿創造力的感性。
- 逆 情緒化且膚淺的想法。被害妄想。魅惑。拒絕上學

多重建議 所有的侍衛都代表訊息，但是[聖杯侍衛]卻是表示來自內在小孩（Inner child，單純且真摯的本質）的訊息。

第Ⅱ章 解讀小阿爾克那的關鍵

聖杯 (Cups) 騎士
理解感受並探取行動

48

聖杯（水）＝情緒、接受度		騎士＝行動力、判斷狀況	
誠實	接近	多情	預謀
紳士	帥哥	誘惑	不道德

正 正位牌 × 逆位牌 的關鍵詞！ **逆**

騎士騎著馬緩緩前行，他朝著前方，筆直走去。他手持聖杯，表示他理解對方感受，善解人意。

heck①
騎士騎著性情穩定的白馬，緩步前行。 ▶ 表示他的性格穩重，平和地推動事情。

heck②
馬正放慢動作，試圖渡過一條小河。 ▶ 慢慢地從自己的領域影響到對方的領域。

KNIGHT of CUPS.

這裡才是重點！
意味著溫柔誠實又俊俏的理想男性發動攻勢或求婚。這張牌代表騎著白馬的王子。

解讀的技巧就在這裡！

如果是戀愛
正（來自男性的）求婚。溫柔的男朋友。積極表達愛意。
逆 對任何人都溫柔的男性。俊俏卻沒有力量。繩。情夫。外遇。

如果是工作
正 服務業。護理師。色情行業。活用審美意識的工作。
逆 敷衍的回應。與客戶建立個人關係。缺勤。

如果是其他事情
正 穩定進行。表現溫柔體貼。機會來到。
逆 怠慢。不正當。不誠實。（酒精等）成癮。

多重建議
騎士代表男性社會人士。[聖杯騎士]象徵著有能力理解並回應客戶的需求，譬如服務業等等。

聖杯（Cups）皇后
透過敏銳的感性進行考察

聖杯（水）＝情緒、接受度		皇后＝包容、女性特質	

正	未婚的女性	強烈的感性	正位牌 × 逆位牌 的關鍵詞！	排外	過於細膩	逆
	體貼	內向		封閉	依賴	

皇后的寶座面向大海擺設。皇后凝視著，彷彿在**透視一個有蓋的華麗聖杯裡頭的東西**。

QUEEN of CUPS.

Check①
代表包容力的聖杯蓋著蓋子。
▶ 蓋子表示無法輕易接受的事情，或是守護已接受的東西。

Check②
皇后的寶座設在水邊，面向著大海。
▶ 她正面對著感性泉源的大海、潛意識的大海。

這裡才是重點！
華麗的聖杯是事物表面的問題。表示女性具有敏銳的觀察力和直覺，可以用來感受其背後的真相。

解讀的技巧就在這裡！

如果是戀愛
正 接受心情。年輕漂亮的未婚妻。守護貞操。
逆 為愛受傷而封閉心房。單戀。想著一個人。

如果是工作
正 護理師。時尚相關、針對女性的工作。顧問。
逆 情緒化而無法專心。從事客服工作而感到疲倦。色情行業。

如果是其他事情
正 讓想像成型。用五感去感受。深思熟慮。
逆 被害者意識。悲觀。被感情沖昏頭。女人的直覺。

多重建議
[聖杯皇后]象徵女性的貞操。蓋住的蓋子表示封閉的內心，但是也代表小心守護接受的愛。

聖杯（Cups）皇帝
充滿愛與智慧的寬大胸襟

聖杯（水）＝情緒、接受度			皇帝＝責任、自信、自豪	

正	寬大	大師	正位牌 × 逆位牌	逆	不正當	偽善
	豐富的情感	藝術方面的感性	的關鍵詞！		情緒失控	喪失自信

陸地是由大海所形成。大海代表潛意識，由此形成物質世界。聖杯之王，是與構成物質世界的潛意識相連結的大師。

Check①

寶座設置在以大海為代表的潛意識及感情世界當中。 ▶ 表示透過情感認識世界，並透過情感表現出來。

Check②

皇帝背後有大船航行，魚在跳躍。 ▶ 大海與所有陸地相連，可以自由來去。

KING of CUPS.

這裡才是重點！

潛意識的能量無窮無盡。[聖杯皇帝]表示與潛意識、千錘百鍊的愛及智慧相連。

解讀的技巧就在這裡！

如果是戀愛	正 理解對方且優缺點都愛。令人安心的偉大愛情。
	逆 受情緒支配、不穩定的戀情。不信任勝過愛及信任。

如果是工作	正 信用交易。說服力。信任。教育相關。醫生。藝術家。
	逆 無領導力。不當行為。不負責。偏心。騙子。江湖藝人。

如果是其他事情	正 讓人感動的力量。善意。宗教家。與海有關。
	逆 無法信任。為事物陶醉。（與神）分離的感覺。

多重建議

透過更洗練的情緒，用愛將接受感情的方式與運用感情的做法表現出來就會成功。這象徵著聖杯之王。

第Ⅱ章 解讀小阿爾克那的關鍵

寶劍 (Swords) 1 (Ace)
開拓命運的堅強意志

寶劍（風）＝理性、社會性		1＝開始	

正
絕定性判斷｜意志力
勝利的榮耀｜創造的智慧

正位牌 × 逆位牌
的關鍵詞！

逆
結束｜艱難的決定
自以為是｜隔斷

神的右手從雲中伸出，握著一把強而有力的寶劍。劍尖頂起一頂王冠，王冠上掛著象徵**勝利**的椰子葉及象徵**和平**的橄欖葉。

ACE of SWORDS.

Check①
五個光粒形成希伯來文字母「Yod」，意指上帝之手。
▶ Yod是上帝之名的第一個字母表示寶劍能量的神聖性。

Check②
描繪了右手的手背。
▶ 描繪出手背，藉此表示更加強大的力量及能量。

這裡才是重點！
[寶劍1]有王冠作為裝飾，被賦予了最強大的能量，具有理性和智慧的人類方能成為物質世界的王者。

第Ⅱ章 解讀小阿爾克那的關鍵

解讀的技巧就在這裡！

如果是戀愛
正 給出願意交往的答案。決定分手。為了成功才會結婚。
逆 冷淡的愛情。放下留戀，展開新的人生。告別。

如果是工作
正 發揮領導力。有計畫的開始。工作上取得成功。
逆 成功必然會失去一些東西。強人所難的做法。壓力。

如果是其他事情
正 克服困難的力量。下定決心。堅強的意志。信念。
逆 伴隨痛苦的決定。因焦慮而出現攻擊性。傲慢。

多重建議 [寶劍1]這張牌要展現的是用意志力開拓世界。表示要對自己的人生有所覺悟並充滿責任感，才能開創人生。

寶劍 (Swords) 2
冷靜維持和諧

寶劍（風）＝理性、社會性		2＝兩事物之間的關係	

正	平衡	寂靜	正位牌 × 逆位牌 的關鍵詞！	過於細膩	盲目的	逆
	用慧眼觀察	感受性		封閉的	焦慮	

蒙眼女性手持二把寶劍於胸前交叉，似乎封閉了心房。她隔絕了外部世界，一直注視著自己的內在。

Check①

女性將二把寶劍於胸前交叉。
▸ 試圖用理性和感性看待內心的世界。

Check②

背後的水邊風平浪靜，月亮浮在空中。
▸ 月亮是代表內心的天體；水則象徵心理世界；風平浪靜象徵內心平靜。

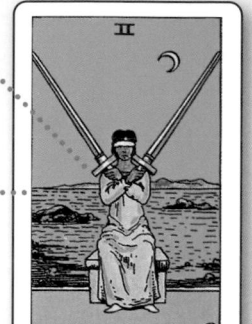

第Ⅱ章　解讀小阿爾克那的關鍵

這裡才是重點！

水面（水＝感性）和天空（風＝理性）的比例，正好與她胸前的二把寶劍一樣協調，表示理性與感性取得平衡帶來平靜。

解讀的技巧就在這裡！

如果是戀愛
▸ 正 被動卻不會輕易接受。單相思。浪漫。
逆 盲目的愛。無法接受對方。封閉心房。被人甩了。

如果是工作
▸ 正 冷靜掌握狀況。顧問。職場的協調性。
逆 公私混淆。沒有變化。緊張的感覺。無法做出正確的判斷。

如果是其他事情
▸ 正 正視自己的本心。共鳴。直覺力。年輕女性。
逆 看不到未來而感到焦慮。僵局。消極的想法。

多重建議
描繪著女性人物的牌，表示女性的包容力。坐著的狀態，代表思考比行動更重要。

寶劍 (Swords) 3
因緊張而分裂

寶劍（風）＝理性、社會性		3＝表現、創造、結束	

	正	正位牌 × 逆位牌 的關鍵詞！	逆	
不和	分裂		分開	告別
深刻的想法	傷心		破綻	不講理

三把寶劍插入紅心的正中央，**刺穿了紅心。這張牌代表傷心。**背後烏雲密布，正在下著雨。

Check①

三把寶劍集中刺進了紅心。 ▶ 表示一顆熱情的心，與三種觀念或三個人的想法。

Check②

烏雲密布與傾盆大雨的模樣。 ▶ 雲意味著不透明的狀態。雨是水的要素，表示慌亂的情緒。

這裡才是重點！

沒有描繪人物的牌，表示人類無法支配。以這張牌為例，是在表示下雨或暴風雨等天氣現象。

第Ⅱ章 — 解讀小阿爾克那的關鍵

解讀的技巧就在這裡！

如果是戀愛
- 正 三角關係的緊張感。分離的預感。第三者插足。失戀的悲傷。
- 逆 三角關係曝光而發生爭執。破局。離婚。保持距離。外遇。

如果是工作
- 正 職場上的紛爭。對工作的信念永不改變。
- 逆 團隊分裂。失敗。進行多項工作。設計相關。

如果是其他事情
- 正 三足鼎立。外科手術。固執地堅持己見。
- 逆 將事情分開思考。壞天氣。標識。傷痕。

多重建議 占卜健康時如果出現這張牌的話，意味要進行小手術。出現許多寶劍牌的時候，同樣是在暗示動手術。

寶劍 (Swords) 4
戰士的休息

寶劍（風）＝理性、社會性		4＝穩定、物質的另一面	
休養		空閒	
	正 暫停思考		逆 無法休息
療癒		沒有動作	
	短暫休息		復原的徵兆

正位牌 × 逆位牌的關鍵詞！

教堂牆上掛著彩色玻璃和三把寶劍，一把寶劍擺在穿著盔甲橫躺的男人身邊。一邊祈禱一邊取得短暫休息。

Check①

彩色玻璃上描繪了聖母和聖子的模樣，一名戰士正在祈禱。
▶ 表示戰士思念妻兒等人，以及深愛家人並祈禱他們平安。

Check②

戰士躺在棺材上，擺著的寶劍被漆成黃色。
▶ 表示藉由新的啟發帶來重生。

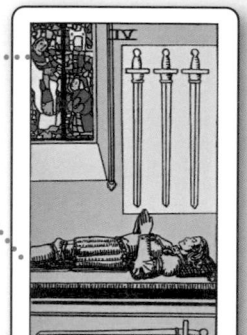

這裡才是重點！

用[寶劍4]療癒了在[寶劍3]受到的傷害。象徵看似死亡的戰士，為了重生所做的治療及祈禱。

解讀的技巧就在這裡！

如果是戀愛	正 思念已經離開的人。祈禱所愛之人平安無事。
	逆 沒有進展的戀情。讓人生覺醒的戀情。戀情中場休息時間結束。
如果是工作	正 脫離問題再思考。醫療相關的工作。取得休息。
	逆 放鬆可提升效率。門市停業。朝著恢復活動的方向邁進。
如果是其他事情	正 睡覺的人。關於睡眠的事。祈禱。讓大腦休息一下。
	逆 醫院。往東山再起邁進。提出最終的想法。墳墓。

多重建議

沒有手持寶劍代表沒有想法。擺在身邊的一把寶劍，代表做出一個決策，並採取行動的可能性。

寶劍 (Swords) 5
殺氣騰騰的競爭社會

寶劍（風）＝理性、社會性			5＝五感、活動	
手段殘虐	狡猾	**正** 正位牌 × 逆位牌 的關鍵詞！	背叛	失敗
情勢動盪	空虛的勝利		受害者心態 **逆**	不道德行為

面露微笑的男人手持三把寶劍。身後是丟下寶劍離去的男人，與正在哭泣的男人身影。描寫著人類在**爭鬥及動盪**中的模樣。

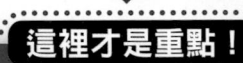

Check①
在丟下寶劍離去的男人面前，一個狡猾的男人撿起寶劍。
▶ 象徵利用狡猾手段，搶奪功勞或取得情報。

Check②
背後描繪著被強風亂吹的雲與哭泣的男人。
▶ 強風（社會的嚴苛標準）亂吹造成雲（水＝情緒）十分不穩定。

這裡才是重點！
這張牌上描繪了好幾個人分散在四處，表示人際關係不和睦，或是組織內、社會上出現問題。

解讀的技巧就在這裡！

如果是戀愛 ▶
正 愛情煩惱。愛情醜聞。以自我為中心的交往方式。
逆 除了愛情之外另有目的的人。在謊言被揭穿之前離開。不信任。

如果是工作 ▶
正 不擇手段取得勝利。壟斷利潤。搾取。組織功能不良。
逆 裁員。功績被搶走。竊取技術或情報。損失。

如果是其他事情 ▶
正 嚴苛的世界。社會不安。霸凌。自暴自棄。毀謗。
逆 搶奪（被搶奪）。自欺。葬禮。不幸。不正當。

多重建議
[寶劍4] 意指墳墓，[寶劍5] 意指葬禮。站在水邊哭泣的男人，毫無邏輯地表現出失去的悲傷或離別的悲傷。

寶劍 (Swords) 6
出發去新天地

寶劍（風）＝理性、社會性	6＝和諧、美、道路

	正		正位牌 × 逆位牌 的關鍵詞！	逆	
平靜出發		最先端技術		晚一步出發	無法前進
母子		得到引導		對未來感到不安	無能的協助者

前端插著六把劍的船，載著親子靜靜地出發了。**通往新世界的旅程**，就像船夫會安全地將親子載送到新的世界。

Check①

在親子眼前，船的前端部分，插著六把寶劍。 ▶ 船前端的寶劍，暗示邁向未來的決心與對不遠的未來感到焦慮。

Check②

坐在船上的母親頭上裹著布，似乎想躲起來，還有孩子坐在身旁。 ▶ 試圖逃離痛苦的現狀，與孩子一同邁向新世界。

這裡才是重點！

雖為暗色系，但是小阿爾克那的編號6在卡巴拉的生命之樹當中，具有積極的涵義。這張牌表示通往未來的旅程。

解讀的技巧就在這裡！

如果是戀愛
- 正 踏上新戀情的旅程。交往順利。水邊的約會。愛情的援助。
- 逆 進展緩慢的戀情。對新戀情感到不安。單親媽媽的戀情。

如果是工作
- 正 最先端的技術。新的工作環境。活用科學知識。後援。
- 逆 進度延遲。對工作的未來和發展感到不安。

如果是其他事情
- 正 順利的開始。新技術。旅行。新生活。引導。
- 逆 理性被感性吞噬。對未來感到不安。延期。

多重建議
描繪母子的這張牌，經常會在占卜單親媽媽的社會活動或戀愛時出現。暗示引導母子的第三者（船夫）。

寶劍 (Swords) 7
思維與行動的矛盾

寶劍（風）＝理性、社會性	7＝永遠、神祕、混亂

矛盾	習得知識	**正**	正位牌 × 逆位牌 的關鍵詞！	**逆**	解決問題	商量
姑息的手段	混亂				正確的方向	幽默

一個男人似乎從類似馬戲團的軍隊帳篷裡，趁隙偷了寶劍。男人抱著七把寶劍當中的五把，回頭看著留下的寶劍。

VII

heck①

抱著七把寶劍當中的五把離去。
▶ 表示無法學到那裡所有的訊息（寶劍）。

heck②

偷盜的男人背後使用了亮黃色為背景色。
▶ 黃色代表智慧及意志的能量。這是一張以思考為主題的牌。

這裡才是重點！

男人臉的方向和腳的方向是相反的，這張牌顯示出矛盾，有時也表示心中的矛盾，或是想法與行動之間存在矛盾。

解讀的技巧就在這裡！

如果是戀愛
- 正 對他人的愛情感興趣。無法坦誠的戀情。背叛行為。
- 逆 和朋友商量愛情的煩惱。坦誠最重要。道歉。

如果是工作
- 正 竊取情報或技術。間諜。敵人疏忽大意就是機會。知識淺薄。
- 逆 向專家諮詢。與同伴合作。找到解決問題的方法。

如果是其他事情
- 正 留下一些。逃避現實。言行不一。孤立。說謊。
- 逆 樂觀看待事情。建議。謊言被揭穿。

多重建議
照亮事物的黃色揭穿了盜竊行為。如果［寶劍7］在牌陣的一開始就出現的話，有時占卜內容中會存在謊言。

寶劍 (Swords) 8
忍受艱困處境的堅強意志

POINT 58

寶劍（風）＝理性、社會性	8＝努力、繼續、力量

正位牌 × 逆位牌 的關鍵詞！

正
- 耐力
- 無法動彈
- 接受考驗
- 堅定的心

逆
- 獲得解放
- 鬆開束縛
- 克服困難
- 恢復

身著紅衣且蒙著雙眼，還被人捆綁的女子站在沼澤地裡。雙腳溼漉漉的她被周圍的寶劍圍困，她一直忍受著這種狀況。

heck①
身穿紅衣且蒙住雙眼，還被人捆綁的女子站立在那裡。
▶ 雖是無法動彈的狀態，但是紅色的生命能量卻在這種情況下不屈不撓。

heck②
潮汐溼地是退潮後形成的地方。一名女子就站在那裡。
▶ 退潮後的海灘是水（情緒）與土（穩定）混合的地方。穩定取決於情緒。

這裡才是重點！

意味著身為女性就要接受困難，寶劍是意志的能量，所以表示自己已經接受了。

解讀的技巧就在這裡！

如果是戀愛
- 正 不被家人認同的交往關係。綁手綁腳的戀人。充滿考驗的戀情。
- 逆 擺脫煩惱自由戀愛。獨自克服焦慮。

如果是工作
- 正 限制很多的工作。在周遭干涉下無法提出自己的意見。
- 逆 耐受危機狀態堅持下去。放寬規定。女性參與社會。

如果是其他事情
- 正 婦女疾病。關於懷孕的不安。孤立。誹謗。
- 逆 擺脫恐懼。情況改善。小心流產。救濟。

多重建議　[聖杯8]代表淺灘，[寶劍8]表示退潮後的海灘，顯示土(現實)和水(情緒)交織的心理。[寶劍8]是在理性與社會性影響下，無法動彈的模樣。

第II章　解讀小阿爾克那的關鍵

寶劍 (Swords) 9
找不到希望的狀態

寶劍（風）=理性、社會性	9=精神層面感到充實

正	絕望	失落感	正位牌 × 逆位牌 的關鍵詞！	找到希望	感謝	逆
	孤獨感	與病魔奮戰		趴在床上	末日思維	

在黑暗中相連的九把劍格外顯眼。女子躺在刻有決鬥場景的床上，雙手摀著臉，因為失去所愛之人感到悲傷而無法入睡。

Check①

在黑暗中，從女子胸部以上的位置有橫倒的寶劍相連著。

▶ 黑暗表示絕望。因為內心充滿悲傷，而無法下定決心。

Check②

床罩上描繪著紅玫瑰和占星術符號。

▶ 紅玫瑰代表生命力和意識的昇華，占星術符號代表神聖的指引。

第Ⅱ章　解讀小阿爾克那的關鍵

這裡才是重點！

這是小阿爾克那中唯一代表黑暗的一張牌。黑暗象徵恐懼及絕望，即使是小事也會讓當事人十分煩惱而感到絕望。

解讀的技巧就在這裡！

如果是戀愛
- 正 失去所愛之人的悲傷與寂寞。相思病。失戀的悲傷。
- 逆 不再哭泣了卻無法從愛情的悲傷中重新站起來。愛情破局。

如果是工作
- 正 反覆嘗試卻不順利。工作壓力大。
- 逆 盡力去做該做的事。用完全不同的觀點看待事物。

如果是其他事情
- 正 陰鬱的感覺。難以治療的疾病。壞消息。
- 逆 病情惡化。接受事實。占卜。求神。

多重建議　占卜健康時如果出現[寶劍4]和[寶劍9]的話，表示還需要花時間治療疾病。另外也可解讀成在睡眠方面出現問題。

寶劍 (Swords) 10
擺脫痛苦

寶劍（風）＝理性、社會性		10＝終點、下一代	

長時間的痛苦	**正**	結束	正位牌 × 逆位牌 的關鍵詞！	**逆**	新的可能性	好預兆
艱困的狀態		衰弱			擺脫痛苦	暫時好轉

湖畔有一名男子身上插著十把劍倒了下去。**黑夜結束，晨光四射**。光線從遠山浮現。

Check①

身上插著十把劍倒下的男子。 ▶ **長時間忍受的痛苦已經到達極限。寶劍可以解釋成言語或批評。**

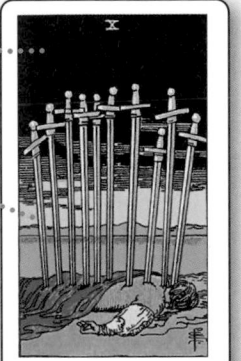

Check②

黑夜結束，從對岸的山頭可以看見朝日的光線。 ▶ **絕望之後出現新的可能。表示新徵兆。**

這裡才是重點！

[寶劍9] 的絕望，會在 [寶劍10] 結束。表示舊觀念行不通，秉持舊觀念的自己只有死路一條，靠新觀念才能生存。

解讀的技巧就在這裡！

如果是戀愛
- 正 長時間都在談論分手的話題。應該結束的戀情。破局。
- 逆 從失戀的痛苦中重新站起來。戀愛的徵兆。分手後的重逢。

如果是工作
- 正 辛苦的工作即將結束。屢屢失敗。離開公司。
- 逆 拋棄舊觀念接受新想法。新工作的事情。

如果是其他事情
- 正 計畫失敗。不再忍耐讓事情告終。辛苦。結局。
- 逆 人生的新階段。希望之光。重新開始的機會。

多重建議 水邊描繪寶劍的這張牌，意味著寶劍代表的理性與水代表的感性取得平衡，或指內心的世界。[寶劍10] 表示內心一片死寂。

第II章　解讀小阿爾克那的關鍵

寶劍 (Swords) 侍衛
因應情況做好準備

寶劍（風）＝理性、社會性		侍衛＝單純、順從、學生	
練習	篩選情報	疑神疑鬼	輕率
機靈的孩子	鍛鍊	叛逆的孩子	姑息手段

正 正位牌 × 逆位牌 的關鍵詞！ 逆

穿著簡陋服裝的少年表情嚴肅，正在練劍。少年背後有鳥兒飛翔，白雲升起，加劇了緊張的氣氛。

PAGE of SWORDS.

Check①

一名持劍少年已經做好充分準備。 ▶ **表示獨自進行訓練。**

Check②

青空中升起的積雨雲暗示著天候不佳。 ▶ **天候不佳表示社會動盪，即將發生某些事情。**

這裡才是重點！

[寶劍侍衛] 是以強烈的好奇心來認知和理解事物。表示雖然年紀輕輕看似無能為力，卻具有敏銳的洞察力。

解讀的技巧就在這裡！

如果是戀愛
- 正 信任關係很重要。觀察對方態度的時候。沒機會邀約。
- 逆 被人甩了。不可愛的反應。過度警戒對方。輕浮的人。

如果是工作
- 正 臨機應變。調查員。間諜。處理訊息。技術行業。
- 逆 被周圍的人孤立。沒有朋友的狀態。處理工作態度馬虎。

如果是其他事情
- 正 踏實地努力。謹慎行動。失業者。密切關注。小心提防。
- 逆 十分警戒而無法敞開心房。暗中摸索。奸詐狡猾。

多重建議　白雲升起的這張牌，表示會發生某些問題的徵兆。建議要列舉出可能出現的問題，思考如何處理。

寶劍 (Swords) 騎士
逆風而行

寶劍（風）＝理性、社會性		騎士＝行動力、判斷狀況	
任務達成	勇氣	咄咄逼人	勝算低
挑戰	使命感	魯莽的挑戰	錯誤的信念

正 正位牌 × 逆位牌 的關鍵詞！ **逆**

騎著白馬的騎士舉起寶劍，威風凜凜地著手攻擊敵人。從背景所描繪的風景，可知他正在逆風前行。

Check①

馬匹奮力飛奔，騎士舉起了寶劍。 ▶ 馬匹的氣勢代表騎士的性格，展現出萬夫莫敵的勇氣。

Check②

樹木不敵強風，還有一片片流動的白雲。 ▶ 暗示社會局勢動盪不安。

KNIGHT of SWORDS.

這裡才是重點！

[寶劍騎士] 意味著堅定前行。雖然感到困難，卻永不放棄繼續前進。告訴我們信念會開創命運。

第 II 章 解讀小阿爾克那的關鍵

解讀的技巧就在這裡！

如果是戀愛	正 單方面推動的約會。對戀愛不感興趣的時候。過於認真。
	逆 沒時間關心對方。單方面灌輸想法。白忙一場。
如果是工作	正 伴隨危險的工作。企業戰士。警官。公務員。技術職。技師。
	逆 缺乏危機管理。強勢的態度會適得其反。作戰失敗。
如果是其他事情	正 逆風前行。充滿信心和秉持信念行事。
	逆 破壞性的行為。不聽取他人的意見。隨波逐流。

多重建議 這張牌出現正位牌時，表示情況依舊十分艱困。因為有逆風才能高飛。化危機為轉機是需要勇氣的。

寶劍 (Swords) 皇后
接受一切做出判斷

寶劍（風）＝理性、社會性		皇后＝包容、女性特質	
社交性	理解力	女性的悲哀	離婚女性
職業婦女	知性的女人	觀念狹隘	偏見

正 × 逆 正位牌 × 逆位牌 的關鍵詞！

皇后右手持劍，左手像是在包容對方一樣進行呼喚。背後描繪著滾滾白雲，寶座放置在與雲朵相同的高度。

Check①

右手持劍，左手現出手掌。 ▶ 右手的寶劍象徵意志的展現，左手的手掌象徵包容。

Check②

白雲滾滾的大地，還有皇后身披代表天空和雲朵的斗篷。 ▶ 雲是水的能量（情緒）上升至空中，轉變成風（意志）的能量。

QUEEN of SWORDS.

這裡才是重點！

雲象徵情感昇華，轉化為開創人生的崇高意志。椅子和皇冠上雕刻的蝴蝶，象徵自由飛翔於空中的蛻變。

第II章 解讀小阿爾克那的關鍵

解讀的技巧就在這裡！

如果是戀愛
- 正 兼顧愛情與工作的女人。離婚女性的愛情。邀約。
- 逆 多情的女性。對戀愛十分冷淡。短暫的愛情。性冷感。

如果是工作
- 正 職業婦女。服務業。機智敏捷。有商業頭腦的女人。
- 逆 女性難以出人頭地。主張無法被人接受。

如果是其他事情
- 正 寡婦。克服悲傷。冷靜沉著的判斷。
- 逆 歇斯底里。因嫉妒而受到批評。悲觀。惡意。謠言。

多重建議

直立的寶劍等同於［正義］，表示同時糾正自己和他人。［寶劍皇后］是一張代表自我表達、接受他人以及人際關係的牌。

寶劍 (Swords) 皇帝
對自己的判斷負起責任

寶劍（風）＝理性、社會性		皇帝＝責任、自信、自豪	
法官	具創造力的思維	獨裁者	自以為是
理性的	敏銳的判斷力	冷酷無情	殘酷的審判

正位牌 × 逆位牌 的關鍵詞！

朝向正面的寶劍之王，頭戴代表**智慧**的天使王冠，**正襟危坐**。他的寶座高過白雲，高聳的椅背上雕刻著蝴蝶。

Check①

高椅背上雕刻著蝴蝶及天使。

▶ 蝴蝶象徵風的能量，代表高度意識，天使象徵智慧。

Check②

皇帝身披紅色斗蓬和天藍色長袍。

▶ 紅色象徵熱情，藍色意指冷靜、權威以及神聖能量。

KING of SWORDS.

這裡才是重點！

[寶劍皇帝]是了解自我且對自己在社會上的角色自信且負責，並取得成功之人。表示能善用他人並活用自身的創造性思維。

解讀的技巧就在這裡！

如果是戀愛	
正	充滿自信，宣誓堅定不移的愛。在社會上無可挑剔的人。
逆	缺乏同情心。強加自以為是的愛。虐待狂。

如果是工作	
正	醫生（外科）。律師。高級官僚。決策權。善用專業知識。
逆	破壞性大於創造性的想法。不承認失敗。失序。

如果是其他事情	
正	透過思考創造命運。社會信任度。大義。行政。
逆	用自以為是的想法支配別人。言語暴力。

多重建議

與[寶劍皇后]不同的地方，就是[寶劍皇帝]的寶劍是傾斜的，為智慧指出方向。左手握拳，展現出強大的力量。

第Ⅱ章 — 解讀小阿爾克那的關鍵

錢幣（Pentacles）1（Ace）
得到想要的東西

錢幣（土）＝物質、繼續		1＝開始	
具體化	充實	金錢的要素	就事論事
正		逆	
成果	擁有	不充分	未完成

正位牌 × 逆位牌
的關鍵詞！

在玫瑰花叢圍籬環繞下百合花盛開的花園裡，神的右手從雲中冒出，手中放著一枚巨大錢幣。錢幣上描繪著五芒星，代表人類身體的五個部分。

ACE of PENTACLES.

Check①
神的右手上擺著一枚巨大錢幣，像是上天在賜予一般。
→ 錢幣代表物質的能量。表示神賜予的肉體。

Check②
玫瑰與百合盛開的花園裡，有一條路通往出口。從出口處可以看見高山。
→ 亞當和夏娃離開受到安全保護的伊甸園後，包住身體前往物質世界。

這裡才是重點！
人類的活動是靠肉體來進行。五芒星意味著身體的五個部分，但也意味著用來享受物質世界而被賜予的五感。

解讀的技巧就在這裡！

如果是戀愛	正 戀愛成功。結婚的事塵埃落定。經濟穩定的婚姻。
	逆 考慮結婚的話就要釐清經濟的問題。預謀。
如果是工作	正 物質方面的利益。新專案。取得很好的結果。捉住夢想。
	逆 成功需要具體的計畫。成功來自於不斷地努力。
如果是其他事情	正 穩定。目標實現。繁榮。巨款入帳。形式。形狀。
	逆 需要努力。無法完全掌握。過於執著。祕密資金。

多重建議　小阿爾克那的[聖杯9]與[聖杯10]，同樣都是意指願望實現的牌。[錢幣1]是Ace牌，則表示願望實現後有新的開始。

第II章　解讀小阿爾克那的關鍵

錢幣 (Pentacles) 2
事物會變化也會產生交流

錢幣（土）＝物質、繼續	2＝兩事物之間的關係

	變化	交流		不穩定	興衰	
正	反覆	每天必做的事	正位牌 × 逆位牌 的關鍵詞！	娛樂	無法溝通	**逆**

打扮成像小丑一樣的男子，用黃綠色呈無限大形狀的緞帶，將二枚錢幣連接起來保持平衡。男子背後的大海浪潮洶湧。

Check①

二枚錢幣由一條仿照無限大符號的黃綠色緞帶相連著。　→　錢幣代表金錢，表示反覆不斷的支出與收入。

Check②

背後的大海中有二艘船來來去去，翻騰起伏著。　→　二艘船表示二個東西的交流。海浪代表變化。

這裡才是重點！

[錢幣 1] 表示穩定，但是接下來的這張牌表示變化。告訴我們物質世界的穩定就是變化會永無止境地持續下去。

第II章　解讀小阿爾克那的關鍵

解讀的技巧就在這裡！

如果是戀愛	**正** 交換電子郵件吧。彼此的心意相通。享樂主義的愛情。
	逆 聯繫不上戀人。合不來的對象。墨守成規。
如果是工作	**正** 貿易關係。意見交流。因應變化。處理二件事。
	逆 日常工作。收入與支出不平衡。輕率的疏失。
如果是其他事情	**正** 溝通。融資。娛樂。
	逆 書面聯絡。開心不起來。不穩定。虛假的快樂。

多重建議
[錢幣2] 表示反覆不斷的支出收入，顯示融資等方面遇到困難。如果和 [錢幣7] 同時出現的話，意指你正面臨財務問題。

錢幣 (Pentacles) 3
互助合作的組織活動

錢幣 （土)＝物質、繼續		3＝表現、創造、結束	
合作成功	組織	缺乏凝聚力	組織的問題
建設性	名譽	不成熟	無禮

正 正位牌 × 逆位牌 的關鍵詞！ **逆**

拿著設計圖的修道士和修女，走到正在修復教堂的石匠身邊，聚在一起討論事情。錢幣已經褪色，變成教堂的牆壁。

Check①
三枚黃色的錢幣已經褪色，變成教堂牆壁的一部分。
▶ 教堂是神聖的地方。三枚錢幣代表神聖的三位一體。

Check②
修道士手上拿著設計圖。
▶ 設計圖或藍圖，意指制定計畫。

這裡才是重點！
即使看得到建築物的入口，但是裡頭卻是一片漆黑完全看不見，表示一般人無法了解的領域，例如高度的技術等等。

解讀的技巧就在這裡！

如果是戀愛
正 相親。經由介紹而認識。婚禮。學校或職場上的邂逅。
逆 結婚需要具體的計畫。更像朋友而不像戀人。

如果是工作
正 工作聲譽。特殊才能。卓越的專業知識。討論。
逆 缺乏計畫。無法善用組織能力。技術不成熟。建築相關。

如果是其他事情
正 學校。組織。學習。師生關係。宗教。傳授。
逆 封閉的。和朋友不合。神祕。偷工減料。不夠用功。

多重建議
這張牌和[錢幣8] 同樣表示技術職，不過[錢幣3] 顯示你會和別人分工合作，完成自己應盡的責任。

錢幣 (Pentacles) 4
保有所擁有的東西

錢幣（土）=物質、繼續		4＝穩定、物質的另一面	

正	保有財富	保守	正位牌 × 逆位牌 的關鍵詞！	逆	執著	獨占
	擁有信念	不動搖的心			頑固	偏見

皇帝頭上擺著一枚錢幣，雙手抱著一枚錢幣，雙腳則踩著二枚錢幣：描繪出他想保全領土的想法。

Check①

皇帝固定住頭、胸、雙腳處的四枚錢幣。

▶ 象徵擁有財富，也象徵著有需要守護的事物，因此動彈不得的狀態。

Check②

背後描繪了繁榮富足的街景。

▶ 表示在皇帝守護下的領土。土地的掌權者，意指擁有不動產。

這裡才是重點！

［錢幣4］是象徵富足的一張牌，暗示你會為了保有財富，而變得保守執著，動彈不得。

第II章　解讀小阿爾克那的關鍵

解讀的技巧就在這裡！

如果是戀愛
正 穩定交往步向婚姻。有經濟能力的人。維持現狀。
逆 需要採取行動才能認識對象。對方綁手綁腳。利己主義者。

如果是工作
正 創意、信念、執行力。成功。拿出成果。不動產相關。
逆 確保穩定最重要。（舊觀念）一成不變會妨礙發展。

如果是其他事情
正 擁有信念並採取行動的力量。守護的事物。腳踏實地。
逆 抵制變革。安全受到威脅。失去重要的事物。

多重建議
表示腦中從天而降的創意具體實現，內心懷抱堅定的信念，腳踏實地採取行動時，就會在這個世界得到成就或財富。

錢幣 (Pentacles) 5
前進是為了逃離困難

錢幣（土）＝物質、繼續				5＝五感、活動	

貧困		在街頭迷路	正位牌 × 逆位牌	渴望救贖		失去合作者
夥伴	正	漫無目的	的關鍵詞！	孤獨	逆	失望

穿著簡陋服飾的**貧困男女**走在雪中，男人拄著拐杖一臉呆滯，似乎**沒有意識到**途經教堂。

Check①
教堂的錢幣被裝飾成生命之樹的形狀，男女從前方經過。
▶ 物質上的貧困，也會使內心感到匱乏。路過救贖的地方。

Check②
女子走在前方，受傷的男子一臉呆滯跟在後頭。
▶ 表示女性領導一切，以及無論貧窮艱困都會和你在一起的夥伴。

這裡才是重點！
表示神也會引導貧困的人。因為貧困和失望使人無法意識到這一點，意味著因內心匱乏而錯失機會。

解讀的技巧就在這裡！

如果是戀愛
正 艱困之中也願意和你在一起的人。女性主導的戀愛。
逆 因為經濟問題而分手。唾棄。不被認同的愛情。

如果是工作
正 失業。求職困難。尋找想要的工作。互助合作完成工作。
逆 無能為力的人互相幫助。想找工作卻找不到。

如果是其他事情
正 謹防受傷。找不到機會。貧窮。沒有計畫。
逆 無法自立。失去愛情和金錢。尋求援助。喪失。

多重建議
這張牌的出現，意指除了經濟問題之外，還找不到人生的方向。表示失業或是二度就業十分困難。

錢幣 (Pentacles) 6
取得平衡

錢幣（土）＝物質、繼續	6＝和諧、美、道路

	慈善	契約成立	正位牌 × 逆位牌的關鍵詞！	不平等	就業問題	
正	賜予恩典	商業交易		偽善	不平衡	逆

商人賜給黃衣乞丐金錢，藍衣乞丐也在懇求恩惠。商人和黃衣男子互相對視，建立起友情。

Check①

從左邊開始排列著三、一、二枚錢幣，下方描繪了乞丐。
▶ 錢給了左邊的乞丐，表示物質世界及金錢方面的不平等現象。

Check②

商人右手拿錢，左手拿著天秤。
▶ 天秤是公正及平等的象徵，從右手拿錢表示有交易。

這裡才是重點！

[錢幣6]代表物質世界的貧富差距及不平等，同時也表示在人類社會中，富人幫助窮人的愛心。

解讀的技巧就在這裡！

如果是戀愛	正 相互信任的關係。請人介紹。工作上的邂逅。
	逆 三心二意。放在二個天秤上。無法信任對方。自私自利的人。

如果是工作	正 交易成立。被人雇用。慈善事業。人力派遣。有商業頭腦。
	逆 不利的交易。合約與實際工作不同。違反合約。低薪。

如果是其他事情	正 得到眷顧。信任關係。給予。捐款。平衡。
	逆 人際關係不和諧。與承諾不同。借款。違反合約。

多重建議

[錢幣6]也可以解讀成商人向提供勞力的人支付工資的畫面。這是一張主題與工作和雇用有關的牌。

第Ⅱ章 解讀小阿爾克那的關鍵

錢幣（Pentacles）7
需要時間才能展現結果

錢幣（土）＝物質、繼續		7＝永遠、神祕、混亂	
工作上的不滿	沒有成果	辛苦的工作	需要一些巧思
不期望的結果	煩惱	稀釋	不有趣

正位牌 × 逆位牌的關鍵詞！（正）（逆）

正在農作的男子，看著被描繪成作物的錢幣而陷入沉思，似乎並**不滿意千辛萬苦種出來的農作物品質。**

第II章　解讀小阿爾克那的關鍵

Check①

正在農作的男子，看著作物憂心忡忡。

▶ 收成會受到天氣所影響。對努力難有回報的工作感到煩惱。

Check②

男人看著被描繪成作物的錢幣，感到十分煩惱。

▶ 所作所為的結果出現了錢幣，對這樣的結果感到擔心。

這裡才是重點！

男人對最後的成果並不滿意且十分憂心，正在思考如何將這些成果化為金錢。這是一張表示工作及金錢煩惱的牌。

解讀的技巧就在這裡！

如果是戀愛
- 正 沒有進展的交往關係。對對方感到不滿。沒有好的邂逅。
- 逆 擔心二人交往的未來發展。害怕孤獨才會與人交往。

如果是工作
- 正 需要時間才能展現成果。與大自然有關的工作。薄利多銷。
- 逆 努力也不會有回報的工作。想要賺錢需要下工夫。

如果是其他事情
- 正 提不起勁。培育。美中不足。獨自煩惱。
- 逆 擔心錢的事情。只篩選出好的東西加以活用。

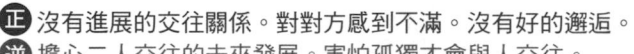

多重建議　明明有收穫卻感到煩惱，令人不可思議的一張牌。各個牌組的編號7，都只描繪了一個人物，表示思維等心理方面的要素。

102

錢幣 (Pentacles) 8
因為堅持而獲得力量

錢幣 （土）＝物質、繼續		8＝努力、繼續、力量	

正	技術提升	繼續	正位牌 × 逆位牌 的關鍵詞！	不成熟的技術	重複	逆
	努力	製作		厭煩	惰性	

男子正在雕刻錢幣，而完成的錢幣排列在柱子上且**不斷堆高**。仔細觀察會發現錢幣的大小略有不同。

Check①

雕刻了數枚錢幣並堆疊在柱子上。　▶　持續勤奮地工作，表示繼續努力與堅強毅力。

Check②

堆疊的每一枚錢幣大小略有不同。　▶　表示他的技術不純熟。所以才要繼續努力。

這裡才是重點！

[錢幣3] 是一張為了達成光榮任務的牌，[錢幣8] 是一張需要磨練技術的牌。表示為了提升技術必須繼續努力。

解讀的技巧就在這裡！

如果是戀愛　▶
正 存錢結婚。低調卻真摯的愛情表現。
逆 長久的交往關係。對對方感到厭煩而有外遇。不誠實。

如果是工作　▶
正 技術職。認真的工作態度。職業訓練。製造業。學徒。
逆 單純勞動。為了錢而工作。雜項工作。無法使出看家本領。

如果是其他事情　▶
正 成果會隨著時間展現出來。具有未來性。實力。
逆 偷工減料。看別人會比看自己更清楚。模仿。

多重建議　[錢幣6] 代表商人；[錢幣7] 代表農民；[錢幣8] 代表各行專家，其中將錢幣推高，也是指存款的一張牌。

錢幣（Pentacles）9
善用才智取得成功的女性

錢幣（土）＝物質、繼續		9＝精神層面感到充實	
幸福的婚姻	活躍	金錢勝過愛情	患得患失
富足的生活	女性的成功	贊助者	奢侈

正 正位牌 × 逆位牌 的關鍵詞！ **逆**

在代表繁榮和富足的葡萄樹叢圍籬中，一身洋裝的女子右手靠在錢幣上，左手舉著鸚鵡。鸚鵡一直停在她的手上。

Check①
身在葡萄樹叢圍籬當中的女子和鸚鵡。鸚鵡明明在籠外，卻不會飛走。
→ 雖然可以自由高飛，卻因為這裡豐衣足食而留在這裡。

Check②
女子的洋裝裙襬脫地，手靠在錢幣上。
→ 突顯女性的優雅身姿，意味著得到財富。

這裡才是重點！
鸚鵡代表著女人自己。雖然停留在安全且富足的場所，但是當這裡不再如此時，就會飛往豐衣足食的地方。

解讀的技巧就在這裡！

如果是戀愛
正 嫁進豪門。婚約。被愛的幸福。經濟穩定的婚姻生活。
逆 情人。失去愛情。錢斷情亦斷。誘惑。

如果是工作
正 得到贊助者。女性企業家。美容相關。善用女性的感性。
逆 思考可以輕鬆賺錢的工作。利用魅力作為武器。公私混淆。

如果是其他事情
正 才色兼備。女性獨立。女性的想法。繁榮。
逆 與金錢有關的陰謀。失去贊助商。沉迷於財富。

多重建議
這張牌的左下方描繪著一隻蝸牛。從帶著房子移動的畫面看來，有時也意指（隨著交往而）搬家。

錢幣 (Pentacles) 10
家族或家庭繁榮

錢幣（土）＝物質、繼續		10＝終點、下一代	

	經濟穩定	子孫繁榮	正位牌 × 逆位牌 的關鍵詞！	老規矩	家族沒落	
正	傳統	名門		家庭的問題	喪失遺產	逆

描繪著穿著華麗服飾的老人，在**大宅邸**的**別屋**看著一對夫婦和他們的孩子。牆壁上裝飾著象徵**戰爭英雄**的旗幟。

Check①
描繪了家族群聚在大宅邸當中的情景，另一側也畫著宅邸。
▶ **意味著大房子或老房子，象徵家族的光榮與昌盛。**

Check②
穿著華服的老人在裝潢講究的建築物內，坐在畫有葡萄的椅子上。
▶ **由於老人及祖先獲得的財富及成功，使他們的地位十分穩固。**

這裡才是重點！
錢幣的配置象徵著物質世界（Assiah）的生命之樹。神的能量到達地上，使地上變得繁榮富饒。

第Ⅱ章 — 解讀小阿爾克那的關鍵

解讀的技巧就在這裡！

如果是戀愛	正 被家人認可的交往關係。嫁入名門望族。繁榮來自婚姻。
	逆 婚姻遭到反對。無法適應對方的家庭。政治聯姻。

如果是工作	正 繼承家業。傳統的工作。工作上的世代交替。資產管理。
	逆 繼承者的問題。必須革新舊做法。對未來感到不安。

如果是其他事情	正 傳統的承繼。家族聚會。財產繼承。禮節。
	逆 受傳統束縛。將財產坐吃山空。家庭內的問題。

多重建議　各牌組中編號「9」的涵義，會延續並完結於編號「10」。編號「9」主要表示個人的事情，編號「10」則是暗示後續的步驟。

錢幣（Pentacles）侍衛
努力實現目標

錢幣（土）=物質、繼續	侍衛=單純、順從、學生

	憧憬	踏實地努力			勢利眼	懈怠	
正	上進心	認真的程度	正位牌 × 逆位牌 的關鍵詞！	逆	準備不足	非現實的考量	

少年站在平靜且開闊的草原上，手舉象徵**未來夢想**的錢幣看到出神。充斥著象徵光明未來的黃色光芒。

PAGE of PENTACLES.

Check①

看著舉起的錢幣微笑著。 ▶ 錢幣代表少年的夢想或目標，將其展示出來。

Check②

可以看到平緩丘陵和廣闊草原的土地。 ▶ 表示少年十分平靜，障礙很少，立場及狀況也相當穩定。

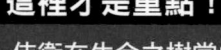

這裡才是重點！

侍衛在生命之樹當中對應著物質世界，錢幣代表大地。［錢幣侍衛］表示在物質世界的具體活動。

解讀的技巧就在這裡！

如果是戀愛	正 渴望愛情。思念著喜歡的人。單相思。約會計畫。
	逆 無進展的愛情。擔心約會費用。向戀人炫耀。不擅談戀愛。

如果是工作	正 對工作充滿夢想及目標。照上級指示工作。
	逆 獲利少而缺乏動力。不聽從指示的下屬。懶散。

如果是其他事情	正 感興趣。受好奇心驅使。勤勞的人。努力。準備。
	逆 無法冷靜。擁有夢想卻不努力。

多重建議

［錢幣侍衛］與［錢幣4］表示物質世界的活動。［錢幣侍衛］代表繼續具體的行動及踏實的活動。

錢幣 (Pentacles) 騎士
專注於真正的價值

錢幣（土）＝物質、繼續		騎士＝行動力、判斷狀況	

正位牌 × 逆位牌的關鍵詞！

正
資產運用	穩健的判斷
維持現狀	以利益為優先

逆
反應慢	停滯
消極的	感覺遲鈍

手持錢幣的騎士騎著黑馬**注視著前方一動也不動**。他身後的土地已經有人開始耕耘，但是還沒有種植任何作物。

Check①
以旱地為背景，騎士在視野清晰的地方讓馬停下，注視著前方。
▶ 從穩定的角度建構未來願景，思考如何運用。

Check②
雖然騎著黑馬，但是馬卻一動也不動。
▶ 馬代表堅定不移的力量，從一直停留可看出穩固的涵義。

KNIGHT of PENTACLES.

這裡才是重點！
[錢幣] 有別於其他的宮廷牌，騎士的視線一直朝向著前方。意味著從現狀朝向未來的現實觀點。

解讀的技巧就在這裡！

如果是戀愛
- 正 他十分認真工作。從現實面考慮結婚。單相思。
- 逆 沒有勇氣進入愛情。長相不佳的男性。無趣的約會。

如果是工作
- 正 值得信賴的消息。金融相關。製造業。在一個地方工作。
- 逆 無法自行判斷。單調的工作。收入重於工作價值。

如果是其他事情
- 正 資產運用。刻苦耐勞。責任感。穩定前進。
- 逆 不機靈。過於認真。缺乏品味。

多重建議 其他騎士的頭盔都有美麗羽毛作裝飾，但是[錢幣騎士]的馬頭和騎士頭盔上卻用草作裝飾，意指沒有品味的男性。

錢幣（Pentacles）皇后
經濟穩定

| 錢幣（土）＝物質、繼續 | 皇后＝包容、女性特質 |

| 正 | 孕婦 | 安樂 | 正位牌 × 逆位牌的關鍵詞！ | 逆 | 猜疑心 | 明哲保身 |
| | 自然作風 | 穩固 | | | 封閉的思維 | 不懂世故 |

皇后坐著的寶座，位在大自然豐富的森林中。她的腿上放著一枚錢幣，她像是捧著寶物一樣專心凝視。攀緣玫瑰圍繞著她，像是在**保護她**一樣。

QUEEN of PENTACLES.

heck①
皇后椅子的扶手上雕刻著山羊，椅背上雕刻著果實。

▶ **山羊代表大地的能量，果實表示豐收及富饒。**

heck②
皇后坐在群山環抱、大自然豐富的森林裡。右下角有一隻跳躍的兔子。

▶ **大地的富饒象徵大地之母，兔子則象徵多子多孫。**

這裡才是重點！
在大自然當中被玫瑰包圍守護著，這意指被細心保護的女性。表示深閨的千金小姐或孕婦。

解讀的技巧就在這裡！

如果是戀愛
- 正 具有包容心的女人。安樂的交往關係。未來關係穩定的交往。
- 逆 因害羞而無法表達感受。形式上的婚姻。患得患失的交往關係。

如果是工作
- 正 與生活有關的工作。與動植物和大自然有關。被動收入。
- 逆 以眼前的利益為優先。討厭損失不接受挑戰。消極經營。

如果是其他事情
- 正 安全。放鬆。家庭主婦。思慮周全。情感豐富。
- 逆 育兒煩惱。虛榮心。對金錢十分執著。漠不關心。

多重建議
[錢幣皇后] 象徵孕婦及有孩子的母親，表示母性的溫柔；逆位牌則表示缺乏身為女性的自信。

錢幣（Pentacles）皇帝
因所有之物帶來自信

錢幣（土）＝物質、繼續		皇帝＝責任、自信、自豪	

正	物質上的充實	信任	正位牌 × 逆位牌 的關鍵詞！	金權主義	物質方面的執著	逆
	擁有財富	表現實力		頑固	身價下跌	

錢幣之王坐在雕刻著公牛的椅子上，而公牛象徵富饒。他用左手壓著錢幣，左腳踩著一頭野獸，也就是大地的精靈。

Check①
皇帝的衣服上有代表財富的葡萄圖案，庭院裡也有結實纍纍的葡萄。
▶ **他的內在及外在都十分充實飽滿。象徵充足的資產。**

Check②
城牆的另一邊看得到建築物。他的身後描繪著一座高樓。
▶ **象徵持有土地及不動產，意味著土地的掌權者。**

KING of PENTACLES.

這裡才是重點！
具有卓越的商業思維與自信，在社會上、經濟上取得成功的人。逆位牌的話，表示靠金錢的力量可以支配所有事情的利己主義者。

第Ⅱ章　解讀小阿爾克那的關鍵

解讀的技巧就在這裡！

如果是戀愛	正 經濟穩定並值得信賴的人。以結婚為前提交往。可靠的對象。
	逆 試圖掌控女性的男性。意氣用事而破壞關係。

如果是工作	正 被人信任受人託付。不動產業。擁有實權。成功。經營者。
	逆 為了利益不擇手段。獨占利益。祕密資金。瀆職。

如果是其他事情	正 政治家。穩定與自信。財務充裕。人脈很廣。
	逆 只相信錢。逃避責任。頑固。失去信任。

多重建議
錢幣的宮廷牌背景色為黃色。這種黃色象徵著收成的顏色。[錢幣皇帝]是豐饒物質世界的成功者。

第 III 章
精通解讀技巧的解牌課程

在實際占卜的牌陣當中，如何隨著塔羅牌的展開解讀牌義呢？這裡將為大家介紹最有幫助的七種牌陣，讓大家能夠深入解讀。快來學習最快速、最合理的技巧，提升解讀能力吧！

❦✛ 讓你成功占卜的準備工作 ✛❦

▶占卜前要備妥工具
準備塔羅牌占卜用的桌巾。建議選擇亞麻或絲等天然素材製成的光滑優質桌巾。

▶事先和塔羅牌達成共識
塔羅牌買到手後，要觸摸所有的牌，擺出來瀏覽，告訴塔羅牌你就是主人。之後只透過觀察或觸摸所有的塔羅牌即可。

▶占卜結束後的工作
將塔羅牌淨化後放在塔羅牌盒子或袋子中保管。保存場所最好是家中最神聖的地方，或者其他人不會隨意觸碰到的地方。

❖❖ 提高準確性的七個流程 ❖❖

①淨化場地
例如可用香來淨化場地，調整場地的能量。

▶

②用水淨化
碰觸塔羅牌之前先洗手，用水清淨自己的情緒。

▶

③用風淨化
調整呼吸，安靜下來閉目冥想，隨著呼吸一同放下雜念。

▶

④用火淨化
點燃蠟燭（用想像的也無妨），用火焰燒掉殘存的自我。

冥想結束之後，輕拍塔羅牌並開始占卜。

⑤宣告占卜目的
確定占卜目的，向自己（問卜者）與神宣告。

▶

⑥心無雜念地洗牌和擺牌
順時針洗牌。整理成一個牌堆並且有節奏地切牌，調整心情與塔羅牌再放在中心位置。用左手將牌堆分成二堆。（幫別人占卜時，問卜者也要分成二堆，占卜者要站在問卜者的角度翻轉塔羅牌）保持塔羅牌的方向將牌打開，並將牌擺好。

▶

⑦占卜結束後要洗牌淨化
將所有的塔羅牌朝下以逆時針洗牌，淨化殘留在塔羅牌上的能量。

※在吉田Luna監修的《もっと本格的に人を占う！究極のタロット》、《もっと本格的に占う！タロットの基本》（MATES UNIVERSAL CONTENTS）中有詳細解說。

區分塔羅牌三元素的特性

透過心理學牌陣得知天命

使用全部78張塔羅牌算命時，大阿爾克那、宮廷牌和數字牌各自代表不同的元素。在這裡將透過心理學牌陣，深入學習塔羅牌所代表的三元素，以及宮廷牌的性質。

占卜目的：從深層心理學得知天命

假如你有你的天命及宿命，那會是什麼呢？了解你的人生課題，明白接下來的人生該如何度過，發揮出自己的潛力。

心理學牌陣・展開範例

一開始要將 22 張大阿爾克那、16 張宮廷牌、40 張數字牌堆成三個牌堆，每個牌堆要分別洗牌（第 111 頁⑥），並且將每個牌堆打開 1 張牌。

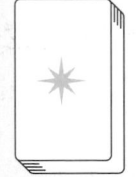

從數字牌打開
1張牌

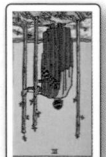

①顯意識
[權杖3・逆位牌]

Check①

數字牌主要描繪生活場景，意指現象類的事情。代表具體發生的事情或行動級別。

從宮廷牌打開
1張牌

②無意識
[錢幣騎士]

Check②

宮廷牌描繪了代表角色或立場的人物，意味著個人特色。表示目標人物的性格及特質。

從大阿爾克那
打開1張牌

③潛意識
[倒吊人]

Check③

大阿爾克那代表了集體無意識中的原型。可視為一張表示靈魂特質的牌。

解讀每個位置的塔羅牌涵義

 ▶ ①顯意識［權杖3・逆位牌］
從表面上出現的意識來看，問卜者希望找到與現在的自己不同的可能性。

 ▶ ②無意識［錢幣騎士］
問卜者最有特色的人格特質，是能採取確實行動，實際上會十分有幫助的個性。

 ▶ ③潛意識［倒吊人］
深層心理是想做些能幫助某人的事情，藉此找出人生的價值。

+α 額外註解

在一般的牌陣當中，從宮廷牌解讀的涵義主要可分成三類：

▼

1. 象徵被占卜者本身的個性。
2. 表示與被占卜者有關的人物。
3. 表示從宮廷牌的個性衍生出來的意義及事項。

此外，若出現大量宮廷牌時，代表一個人內在的各種性格出現了衝突。

解讀的技巧就在這裡！

如同在創作故事一樣解讀，從故事中接收訊息

問卜者的現狀［權杖3・逆位牌］是對人生有了新希望，卻不知道怎麼做才好，所以現狀才會裹足不前。潛意識［倒吊人］暗示著憐愛與靈感，問卜者的性格［錢幣騎士］表示他是一個懂計畫又穩健的人，所以可解讀成他要透過志工等實際活動才能得知天命，明白自己應該做什麼。

這裡才是重點！

所謂的天命，就是當上天的指引與自己的意志不謀而合時，你就會了然不惑。只有會思考如何經營人生的人才能得知天命，所以請不要用占卜來決定天命。

多重建議　宮廷牌有時會被當作占卜前的象徵牌。當問卜者與占卜對象不同時，就會將宮廷牌抽出來，視為占卜對象進行占卜。

著重大阿爾克那解讀運命

利用十字牌陣占卜合適度

大阿爾克那顯示的課題是為了心靈的成長、靈魂的成長，代表命中註定的事情。不管在任何牌陣中，大阿爾克那出現的位置都十分重要。在這裡將使用十字牌學習解讀的重點。

占卜目的：得知二人命運的愛情占卜

問卜者 A 子小姐（24 歲，上班族）和男友（23 歲，上班族）交往三個月，她想了解二人的命運，於是來占卜雙方的心意與二人的未來。

第Ⅲ章　精通解讀技巧的解牌課程

十字牌陣・展開範例

使用全部 78 張塔羅牌，洗牌（第111頁⑥）後按照數字編號擺牌。

②問卜者的心情
[戰車]

④過去
[聖杯3・逆位牌]

①現在
[權杖8]

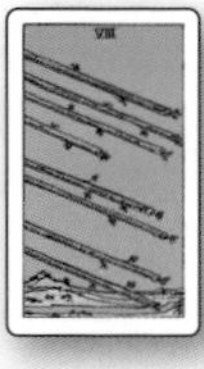

⑤未來
[太陽]

③對方的心情
[權杖皇后]

Check①

如果不是占卜合適度的話，②表示用情很深，③表示潛在的可能性。

Check②

出現了大阿爾克那，②問卜者的心情與⑤未來的位置將是解讀重點。

這堂課的目的

命由心生。藉由大阿爾克那的出現率及出現的位置，即可得知關鍵的重點。

從這個牌陣可以學到什麼

牌陣顯示出從過去到現在，再到未來的命運流動與彼此的心意。可以解讀成二人的適合度及戀愛的發展。

解讀每個位置的塔羅牌涵義

①現在 [權杖8]
沒有重大變化，交往關係會順勢進展。由於正在交往，所以二人的關係會持續下去。

②問卜者的心情 [戰車]
想要積極享受愛情，並且充滿熱情。期待二人的關係會有進一步發展。

③對方的心情 [權杖皇后]
他覺得問卜者充滿魅力，是個性開朗且樂觀積極的人。

④過去 [聖杯3·逆位牌]
並不是認真交往，而是出於享受愛情的享樂欲望而維持關係。

⑤未來 [太陽]
繼續愉快地交往下去。二人會想到結婚的問題，未來可能會步入禮堂。

+α 額外註解

通常大阿爾克那出現的機率約三分之一。大阿爾克那出現率越高，越能掌握命中註定的事情。這個占卜可以解讀成問卜者的意志連結到未來的關鍵。

解讀的技巧就在這裡！

透過大阿爾克那解讀概要，並利用其他塔羅牌補充解讀內容。

從②問卜者的心情 [戰車] 以及③對方的心情 [權杖皇后] 中，可以看出這場戀愛是由女方主導。從④[聖杯3·逆位牌] 可解讀成二人交往可能是隨意開始的，但是彼此相互吸引，而⑤[太陽] 也可解讀成結婚或懷孕。整體來說明亮色彩的牌居多，所以在暗示二人交往十分愉快。

這裡才是重點！

②問卜者的心情[戰車]是表示理想男性的一張牌，而③對方的心情[權杖皇后]則表示有魅力的女性，顯示彼此互相吸引。

多重建議
大阿爾克那代表的心靈成長，會使人意識到人生的課題及天命，產生安心生活、享受人生以及為人類貢獻的自覺。

透過小阿爾克那具體釐清細節

利用 V 字形馬蹄鐵牌陣檢視工作運

小阿爾克那代表一件事情的具體事項或現象。包含V字形馬蹄鐵牌陣在內，許多牌陣通常都會使用全部78張塔羅牌，但是想要知道具體事項及實際行動時，只有小阿爾克那的占卜最有效。

占卜目的：從深層心理學得知天命

B 美小姐（37 歲，上班族）的人際關係不佳。她想占卜如何改善人際關係，才能和諧工作的工作運。

▼

V 字形馬蹄鐵牌陣 · 展開範例

使用 56 張小阿爾克那，
洗牌（第 111 頁⑥）後按照
數字編號擺牌。

①過去、原因
[權杖6・逆位牌]

②現在
[聖杯9・逆位牌]

③不久的未來
[錢幣1・逆位牌]

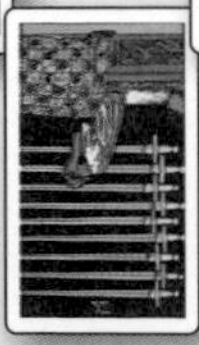

④環境
[寶劍9・逆位牌]

⑤真實感受
[聖杯皇帝・逆位牌]

⑥障礙、對策
[寶劍2]

⑦結果
[寶劍5・逆位牌]

Check①
每個牌組都會顯示訊息。要好好確認哪個牌組的訊息多，哪個牌組的訊息少。

Check②
逆位牌的位置意指停滯。逆位牌多的占卜，表示猶豫或停滯不前的狀態。

第III章　精通解讀技巧的解牌課程

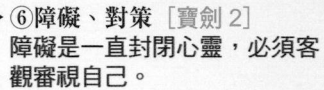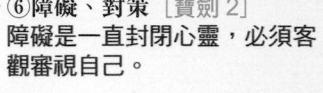

這堂課的目的

小阿爾克那表示現象，所以不同的占卜目的有時會難以解讀。要好好學習從牌組的特質解讀。

從這個牌陣可以學到什麼

V字形馬蹄鐵牌陣可從因果的角度客觀看待事物。這個牌陣也能解讀出應對方法，十分萬能。

解讀每個位置的塔羅牌涵義，檢視牌組是否平衡

 ▶ ①**過去、原因** ［權杖 6・逆位牌］
認為和周遭人共同取得成功的工作，是靠自己的努力才能成功。

 ▶ ②**現在** ［聖杯 9・逆位牌］
自以為可以獨力完成工作的自大想法，讓自己感到孤立。

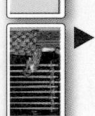 ▶ ③**不久的未來**［錢幣 1・逆位牌］
可解讀成有機會團結一心／考慮新工作。

 ▶ ④**環境** ［寶劍 9・逆位牌］
煩惱人際關係，找不到希望，所以考慮換工作。

 ▶ ⑤**真實感受**［聖杯皇帝・逆位牌］
覺得別人不會理解自己細膩的內心及豐富的感性。

 ▶ ⑥**障礙、對策** ［寶劍 2］
障礙是一直封閉心靈，必須客觀審視自己。

 ▶ ⑦**結果** ［寶劍 5・逆位牌］
只要抱持著受害者心態，人際關係就不會改善。

 **額外註解**

權杖代表熱情及活力，聖杯代表情緒化的現象或滿足，寶劍代表理性、意志、社會性，錢幣代表穩定及持續。檢視整個牌組，就會發現權杖1張、聖杯2張、寶劍3張、錢幣1張，呈現平衡。

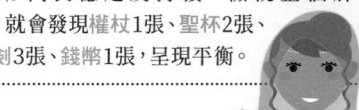 **解讀的技巧就在這裡！**

了解原因並解讀出對策，改變你不期望的未來

原因是獨攬成功［權杖6・逆位牌］與自大造成的孤立［聖杯9・逆位牌］、［聖杯皇帝・逆位牌］。要冷靜看待現狀，拿出勇氣敞開心扉［寶劍2］。嚴禁受害者心態［寶劍5・逆位牌］。

這裡才是重點！

這個占卜有很多寶劍的牌組，表示藉由冷靜的判斷、溝通的方法、表達自我意志的方法，就能解決問題的可能性。

多重建議

逆位牌多的占卜，有時會將所有的塔羅牌正逆反轉，以表示要轉換心情，靠自己的想法改變未來。

對照占星術與塔羅牌深入解讀

天宮圖牌陣是將古老智慧的占星術理論，導入塔羅牌占卜中的牌陣。運用天宮圖牌陣了解占星術與塔羅牌之間的關係，即可進一步深入解讀塔羅牌。

占卜目的：預測一年的運勢

C奈小姐（18歲，處女座）想占卜今年的運勢（也可以從占卜的時間點預測一年的運勢）。

天宮圖牌陣・展開範例

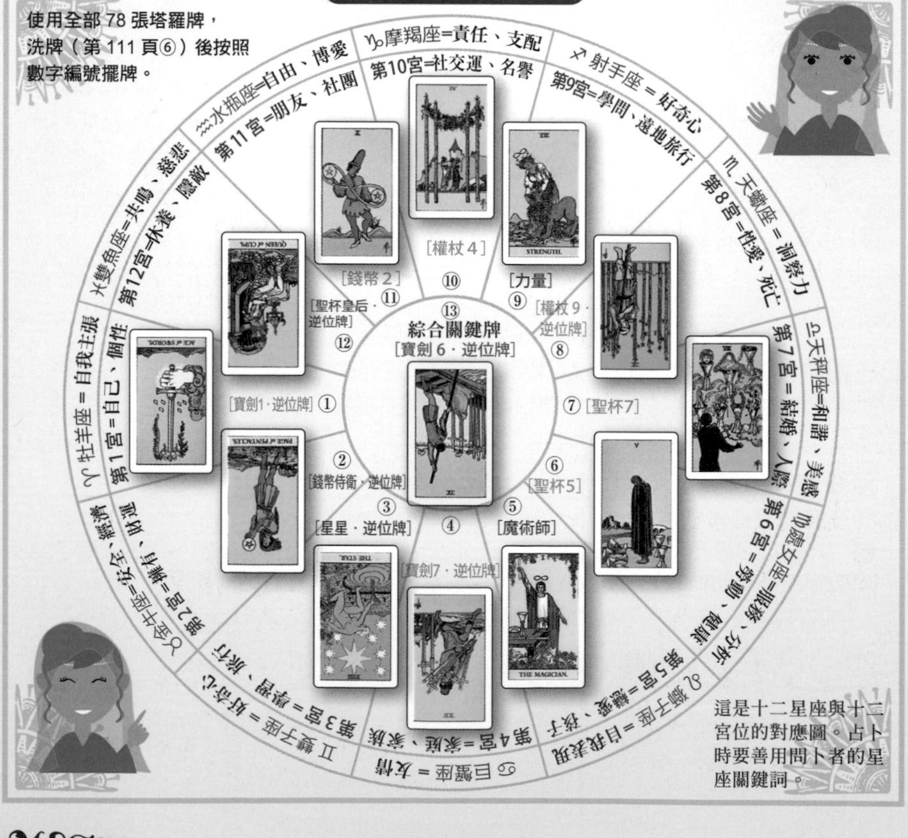

使用全部78張塔羅牌，
洗牌（第111頁⑥）後按照
數字編號擺牌。

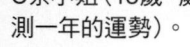

♑摩羯座＝責任、支配
第10宮＝社交運、名譽

♒水瓶座＝自由、博愛
第11宮＝朋友、社團

♐射手座＝好奇心
第9宮＝學問、遠地旅行

♓雙魚座＝共鳴、隱藏
第12宮＝水養、隱藏

♏天蠍座＝洞察力
第8宮＝性愛、死亡

♈牡羊座＝自我主張、個性
第1宮＝自己

♎天秤座＝和諧、美感
第7宮＝結婚、入贅

♉金牛座＝堅定、務實
第2宮＝擁有、財運

♍處女座＝隨機應變、分析
第6宮＝勞動、健康

♊雙子座＝溝通、社交
第3宮＝學習、短程旅行

♌獅子座＝自信、領導
第5宮＝戀愛、投機

♋巨蟹座＝守護
第4宮＝家庭、雙親

[權杖4] ⑩
[力量] ⑨
[權杖9・逆位牌] ⑧
[聖杯7] ⑦
[聖杯5] ⑥
[魔術師] ⑤
[錢幣2] ⑪
[聖杯皇后・逆位牌] ⑫
綜合關鍵牌 [寶劍6・逆位牌] ⑬
[寶劍1・逆位牌] ①
[錢幣侍衛・逆位牌] ②
[星星・逆位牌] ③
[寶劍7・逆位牌] ④

這是十二星座與十二宮位的對應圖。占卜時要善用問卜者的星座關鍵詞。

這堂課的目的

掌握占星術的知識可增強靈感，擴大解讀範圍。而且對於問卜者而言，還會知道哪些是特別重要的牌。

從這個牌陣可以學到什麼

當整體運勢或占卜內容涉及多方層面時，天宮圖牌陣可以占卜出整體運勢、工作、愛情等運勢的關聯性。

+α 額外註解

了解問卜者的星座，就會知道特別重要的 2 張大阿爾克那與牌組。

▼對應十二星座與［十個天體］的大阿爾克那

♈ 牡羊座［♂火星］
［皇帝］［高塔］

♉ 金牛座［♀金星］
［教皇］［皇后］

Ⅱ 雙子座［☿水星］
［戀人］［魔術師］

♋ 巨蟹座［☽月亮］
［戰車］［女祭司］

♌ 獅子座［☉太陽］
［力量］［太陽］

♍ 處女座［☿水星］
［隱者］［魔術師］

♎ 天秤座［♀金星］
［正義］［皇后］

♏ 天蠍座［♇冥王星］
［死神］［審判］

♐ 射手座［♃木星］
［節制］［命運之輪］

♑ 摩羯座［♄土星］
［惡魔］［世界］

♒ 水瓶座［♅天王星］
［星星］［愚者］

♓ 雙魚座［♆海王星］
［月亮］［倒吊人］

▼對應十二星座的小阿爾克那牌組

火象星座 ［權杖］
♈ 牡羊座
♌ 獅子座
♐ 射手座
〈熱情、直覺、耿直〉

土象星座 ［錢幣］
♉ 金牛座
♍ 處女座
♑ 摩羯座
〈穩定、現實、經濟〉

風象星座 ［寶劍］
Ⅱ 雙子座
♎ 天秤座
♒ 水瓶座
〈理性、社交、邏輯〉

水象星座 ［聖杯］
♋ 巨蟹座
♏ 天蠍座
♓ 雙魚座
〈情緒、感情、靈性〉

解讀的技巧就在這裡！

從關鍵牌、第1宮與大阿爾克那出現的位置開始解讀。

想要展開某件事卻不知如何是好的心情，會出現在［寶劍1・逆位牌］中。關鍵牌的［寶劍6・逆位牌］也不知道未來前進的方向。問卜者（處女座）特別重要的大阿爾克那［魔術師］位在第5宮，所以新戀情似乎會是發揮潛力的關鍵。

這裡才是重點！

問卜者是處女座（土象星座）。對應的牌為［隱者］、［魔術師］與錢幣的牌組。此時只須留意［魔術師］第5宮、［錢幣侍衛・逆位牌］第2宮、［錢幣2］第11宮即可。

了解神祕哲學「卡巴拉」進行心靈占卜

透過生命之樹牌陣了解靈魂的成長

神祕的塔羅牌是以猶太教深奧的卡巴拉哲學為背景。學習卡巴拉生命之樹之後，你的塔羅牌占卜就會與深度智慧產生連結，帶來神聖的訊息。現在就來鑽研生命之樹牌陣吧！

占卜目的：希望工作上取得成功，為社會有所貢獻

D男先生（42歲，男性，自營業）想知道新開發的產品是否會在社會上風行並得到滿意的結果？要針對工作的發展進行占卜。

生命之樹牌陣・展開範例

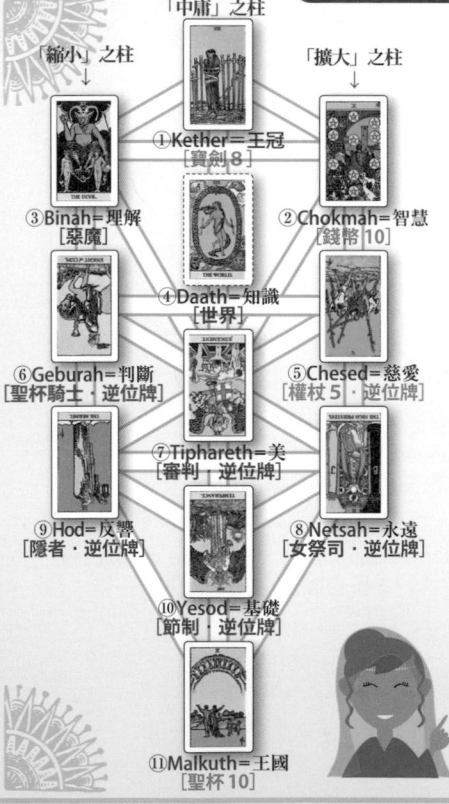

「中庸」之柱

「縮小」之柱　　　　　　「擴大」之柱

①Kether＝王冠
[寶劍8]

③Binah＝理解
[惡魔]

②Chokmah＝智慧
[錢幣10]

④Daath＝知識
[世界]

⑥Geburah＝判斷
[聖杯騎士・逆位牌]

⑤Chesed＝慈愛
[權杖5・逆位牌]

⑦Tiphareth＝美
[審判・逆位牌]

⑨Hod＝反彈
[隱者・逆位牌]

⑧Netsah＝永遠
[女祭司・逆位牌]

⑩Yesod＝基礎
[節制・逆位牌]

⑪Malkuth＝王國
[聖杯10]

使用全部78張塔羅牌，洗牌（第111頁⑥）後按照數字編號擺牌。

①如何與神性連結
②帶來的靈感
③如何深入理解社會及人生
④神祕體驗（蓋著牌直接擺牌）
⑤關於慈善及寬恕
⑥為了更好的生活會做出哪些決定
⑦自我的本質＝如何發揮「美的特質」
⑧關於熱情
⑨透過進修與日常工作學習
⑩關於生活
⑪關於身體、場所及環境

heck①

生命之樹的中心「Tiphareth＝美」有八條路徑。開創道路的關鍵是⑦[審判・逆位牌]堅定不移的決心與覺悟。

heck②

中央的「中庸」之柱上有3張大阿爾克那，右邊的「擴大」之柱有1張大阿爾克那，左邊的「縮小」之柱有2張大阿爾克那。要好好檢視柱子的平衡。

生命之樹，代表從上天流出的能量在這個世界顯現的過程。可使塔羅牌占卜變得神聖且靈性。

可以察覺到自己內在的可能性與神性。能夠得到正向訊息發揮自己的特質。

+α 額外註解

了解生命之樹和塔羅牌之間多樣化的關聯性，有助你理解及解讀塔羅牌

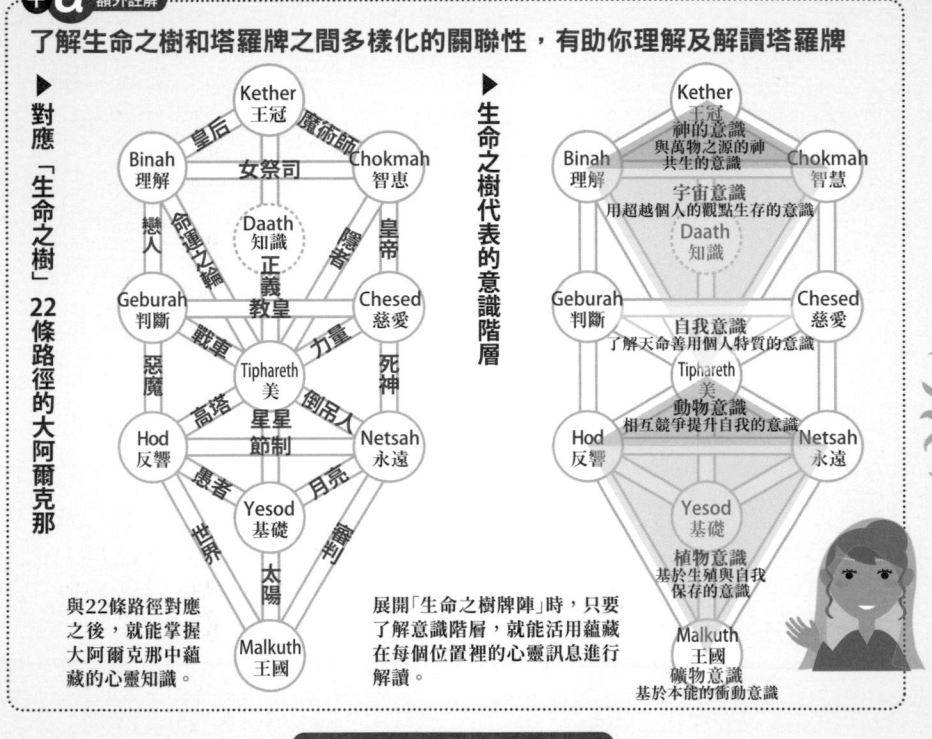

▶ 對應「生命之樹」22條路徑的大阿爾克那

Kether 王冠
Binah 理解　Chokmah 智慧
皇后　魔術師
女祭司
戀人　命運之輪　隱者
Daath 知識　正義　教皇
Geburah 判斷　Chesed 慈愛
惡魔　戰車　力量　死神
倒吊人
Tiphareth 美
高塔　星星　節制　月亮
Hod 反響　Netsah 永遠
愚者　惡魔　審判
世界
Yesod 基礎
太陽
Malkuth 王國

與22條路徑對應之後，就能掌握大阿爾克那中蘊藏的心靈知識。

▶ 生命之樹代表的意識階層

Kether 王冠
神的意識
與萬物之源的神共生的意識
Binah 理解　Chokmah 智慧
宇宙意識
用超越個人的觀點生存的意識
Daath 知識
Geburah 判斷　Chesed 慈愛
自我意識
了解天命善用個人特質的意識
Tiphareth 美
動物意識
相互競爭提升自我的意識
Hod 反響　Netsah 永遠
Yesod 基礎
植物意識
基於生殖與自我保存的意識
Malkuth 王國
礦物意識
基於本能的衝動意識

展開「生命之樹牌陣」時，只要了解意識階層，就能活用蘊藏在每個位置裡的心靈訊息進行解讀。

第III章　精通解讀技巧的解牌課程

解讀的技巧就在這裡！

以大阿爾克那聚集的中心柱為主軸，解讀意識階層。

成功經驗④[世界]會支持問卜者。⑦⑧⑨動物意識在告訴你，只要學習自信心就會增強，想要消除①[寶劍8]的焦慮，需要⑦[審判・逆位牌]的決心才能成功。[聖杯10]也暗示著成功。理解對於③[惡魔]新產品的否定意見也很重要。

這裡才是重點！

動物意識由大阿爾克那組成，表示試圖做出更好的作品贏過他人的堅強意志。這個牌陣可以做正向的解讀。

獲悉當日訊息的大阿爾克那單張牌陣占卜

大阿爾克那的關鍵詞一覽表

		正		逆	
Ⅰ	魔術師	開始 / 有機的	創造性 / 靈巧	發展遲緩 / 狡猾	說謊 / 缺乏知識
Ⅱ	女祭司	神祕 / 二元性	被動 / 學問	潔癖 / 神經質	細膩 / 遠離塵世
Ⅲ	皇后	豐富 / 繁榮	母性 / 美的表現	任性妄為 / 執著	怠惰 / 奢侈
Ⅳ	皇帝	地位 / 自信	權力 / 父性	權威 / 盛衰榮枯	虛張聲勢 / 老化
Ⅴ	教皇	傳導 / 團結	援助 / 儀式	就事論事 / 分散	無法尊敬 / 懷疑
Ⅵ	戀人	溝通 / 年輕	選擇 / 友好合作關係	不成熟 / 輕率	優柔寡斷 / 離別
Ⅶ	戰車	前進 / 挑戰	勝利 / 獨立	失敗 / 後退	敗仗 / 魯莽行事
Ⅷ	力量	意志力 / 包容力	掌控 / 克服	無法控制 / 意志薄弱	不能克服（恐懼）/ 沒有精神
Ⅸ	隱者	尋求真理 / 內向	反社會 / 精神層面	疏離感 / 孤獨	厭世觀 / 隱藏
Ⅹ	命運之輪	良機 / 展開	循環 / 許可	倒霉期 / 延遲	時機不佳 / 因果報應
Ⅺ	正義	平衡 / 秩序	公正 / 人際關係	不平衡 / 無法並存	公私混淆 / 左右為難

想得到當天的神諭時，建議每天抽一張卡，這張牌會給你當天的訊息及啟示。
而且反覆抽牌也可以幫助你盡快記住塔羅牌。這個占卜還可以用來預測一週、
一個月、一年的事情。

		正			逆	
XII	倒吊人	考驗 / 改變觀點	服務 / 靈感	忍耐 / 妄想	忍耐的極限 / 自我犧牲	
XIII	死神	結束 / 霉運	轉變 / 時機	終止 / 不同的世界	轉移 / 斷絕關係	
XIV	節制	自然 / 淨化	純粹 / 環境	汙染 / 沒有縫隙	不乾淨 / 不客觀	
XV	惡魔	執著 / 堕落	欲望 / 苦惱	努力 / 步向毀滅之路	惡化 / 中毒	
XVI	高塔	破壞 / 打擊	意外 / 性刺激	事故處理 / 權威垮台	組織的破綻 / 醜聞	
XVII	星星	希望 / 創意	願望實現 / 目標	遠大理想 / 浪費太多	博愛 / 設定目標	
XVIII	月亮	焦慮 / 靈感	迷惘 / 曖昧程度	消除焦慮 / 隱藏的敵人	潛意識 / 本能	
XIX	太陽	生命力 / 滿足	成功 / 自我表現	以自我為中心 / 大膽	能量損耗 / 幼稚	
XX	審判	最後決策 / 覺醒	復活 / 覺悟	最終決定 / 放棄	不變 / 家族	
XXI	世界	完成 / 整合	幸福結局 / 圓滿	未完成 / 不完全	尚有努力的空間 / 不滿	
0	愚者	自由 / 「0」	沒有經驗 / 非凡	無知 / 沒有計畫	知道愚蠢 / 平凡	

知曉關心事物的小阿爾克那 單張牌陣占卜

小阿爾克那的關鍵詞一覽表

第III章 精通解讀技巧的解牌課程

	權杖（Wands）正		權杖（Wands）逆		聖杯（Cups）正		聖杯（Cups）逆	
1	開始 權力	新創意 活力	毫無方向 濫用權量	缺乏力量 世代更迭	愛情的開始 包容	豐富的感情 滿足	對愛感到不安 隨波逐流	情緒不穩定 溺愛
2	野心 二選一	全球的 社會榮耀	不顧一切 分離	孤獨 工作上的犧牲	彼此相通 整合	友好關係 立誓合約	不和 難以接受	合約不成立 感情差異
3	發展 未來志向	胸懷大志 前景看好	後援 憧憬遠方	得到支持 停留	慶祝成果 繁榮	圓滿的關係 文藝	不知分寸 糟糕的夥伴	快樂的 奢侈
4	招待 出發	祝福 裝飾	不受歡迎 過度裝飾	生活的煩惱 難以進入	思考的時候 欲求不滿	倦怠 獨自一人	正面思想 有援助	創新想法 冥想
5	競爭 生存競爭	權力融合 人人各異	暫時休戰 意見相左	化敵為友 烏合之眾	覆水難收 孤獨	失落感 自我憐憫	發現可能性 反省	復原 希望
6	前進 凱旋	勝利 光榮	失敗 害怕失敗	阻礙前進 不贊同	約定 幸福的記憶	孩子 禮物	個人的成長 溫故知新	幼稚 痛苦的回憶
7	繼續獲勝 一人獲勝	優勢地位 應戰	孤獨的戰鬥 被人壓制	差異化 競爭加劇	迷失自我 夢想	神祕的 精神不穩定	明智的願景 心靈訊息	從夢中醒來 接受現實
8	時間流逝 陸續推出	速度 放手離開	滯留 緩慢移動	延遲 過頭	興趣轉移 放棄	挫折 掛念	看清現實 檢討	重做 重新燃起興趣
9	臨機應變 準備周全	做足準備 觀察情況	意外失去 延遲出發	準備不足 被害者意識	工作上的成功 人生充實	自信滿滿 願望實現	努力取得成功 (物質上的)貪婪	傲慢 自負
10	負擔 沒有餘裕	達成目的 限度	放手 斷念	放棄 疲勞	家族的幸福 構築理想	未來的夢想 實現夢想	遠大的理想 飽和狀態	遙不可及的夢想 虛假的幸福
侍衛	信使 坦率	活潑的孩子 受歡迎的人	衝動的想法 叛逆的孩子	想要脫穎而出 不成熟	漂亮的孩子 提案	創意 想像力豐富	妄想 多愁善感	謊言 優柔寡斷
騎士	活躍 移動	交涉 愛慕虛榮	沒耐性 畏懼	威嚇 衝動	誠實 紳士	接近 帥哥	多情 誘惑	預謀 不道德
皇后	母親 充實的生活	有魅力的女人 親切	女王氣勢 推卸責任	過度干涉 沒有魅力	未婚的女性 體貼	強烈的感性 內向	排外 封閉	過於細膩 依賴
皇帝	父親 企業家	無上的 自豪	獨裁老闆 封建	自我表現慾 傲慢的自誇	寬大 豐富的情感	大師 藝術方面的感性	不正當 情緒失控	偽善 喪失自信

想要了解具體的事情時，十分推薦只使用小阿爾克那的單張牌陣。隨時都帶著塔羅牌，還能為朋友提供建議，例如應該採取怎樣的行動，或是預測今天會發生什麼事情。另外，使用全部78張塔羅牌占卜的話，還可以算出命中註定的特別日子。

	寶劍（Swords）				錢幣（Pentacles）			
	正		逆		正		逆	
1	絕定性判斷 勝利的榮耀	意志力 創造的智慧	結束 自以為是	艱難的決定 隔斷	具體化 成果	充實 擁有	金錢的要素 不充分	就事論事 未完成
2	平衡 用慧眼觀察	寂靜 感受性	過於細膩 封閉的	盲目的 焦慮	變化 反覆	交流 每天必做的事	不穩定 娛樂	興衰 無法溝通
3	不和 深刻的想法	分裂 傷心	分開 破綻	告別 不講理	合作成功 建設性	組織 名譽	缺乏凝聚力 不成熟	組織的問題 無禮
4	休養 療癒	暫停思考 短暫休息	空閒 沒有動作	無法休息 復原的徵兆	保有財富 擁有信念	保守 不動搖的心	執著 頑固	獨占 偏見
5	手段殘虐 情勢動盪	狡猾 空虛的勝利	背叛 受害者心態	失敗 不道德行為	貧困 夥伴	在街頭迷路 漫無目的	渴望救贖 孤獨	失去合作者 失望
6	平靜出發 母子	最先端技術 得到引導	晚一步出發 對未來不安	無法前進 無能的協助者	慈善 賜予恩典	契約成立 商業交易	不平等 偽善	就業問題 不平衡
7	矛盾 姑息的手段	習得知識 混亂	解決問題 正確的方向	商量 幽默	工作上的不滿 不期望的結果	沒有成果 煩惱	辛苦的工作 稀釋	需要一些巧思 不有趣
8	耐力 接受考驗	無法動彈 堅定的心	獲得解放 克服困難	鬆開束縛 恢復	技術提升 努力	繼續 製作	不成熟的技術 厭煩	重複 惰性
9	絕望 孤獨感	失落感 與病魔奮戰	找到希望 趴在床上	感謝 末日思維	幸福的婚姻 富足的生活	活躍 女性的成功	金錢勝過愛情 贊助者	患得患失 奢侈
10	長時間的痛苦 艱困的狀態	結束 衰弱	新的可能性 擺脫痛苦	好預兆 暫時好轉	經濟穩定 傳統	子孫繁榮 名門	老規矩 家庭的問題	家族沒落 喪失遺產
侍衛	練習 機靈的孩子	篩選情報 鍛鍊	疑神疑鬼 叛逆的孩子	輕率 姑息手段	憧憬 上進心	踏實地努力 認真的程度	勢利眼 準備不足	懈怠 非現實的考量
騎士	任務達成 挑戰	勇氣 使命感	咄咄逼人 魯莽的挑戰	勝算低 錯誤的信念	資產運用 維持現狀	穩健的判斷 以利益為優先	反應慢 消極的	停滯 感覺遲鈍
皇后	社交性 職業婦女	理解力 知性的女人	女性的悲哀 觀念狹隘	離婚女性 偏見	孕婦 自然作風	安樂 穩固	猜疑心 封閉的思維	明哲保身 不懂世故
皇帝	法官 理性的	具創造力的思維 敏銳的判斷力	獨裁者 冷酷無情	自以為是 殘酷的審判	物質上的充實 擁有財富	信任 展現實力	金權主義 頑固	物質上的執著 身價下跌

第III章 精通解讀技巧的解牌課程

後記

　　塔羅牌蘊藏了許多神祕主義的哲學。奠定現代塔羅牌基礎的黃金黎明協會，長期研究塔羅牌、煉金術、占星術、卡巴拉、魔法等，不僅是愛德華·偉特（Edward Waite），其他像是阿萊斯特·克勞利（Aleister Crowley）、伊斯瑞·瑞格德（Israel Regardie）、迪翁·福春（Dion Fortune）等人，都對現代的神祕哲學及許多魔法師帶來了影響。

　　萊德偉特塔羅牌當中，也融入了古老智慧與堅持傳統的神祕哲學概念。這次會基於神祕哲學的觀點，深入淺出地解說塔羅牌的涵義及用法，是因為少了這些便無法談論塔羅牌。

　　出版本書之際，有幸得到教授卡巴拉實踐法的松本博美先生（靈魂學校·靈魂感應院長）細心指導，承蒙他的好意，還讓我參考了來自祕密傳授靈魂感應的保羅·所羅門（Paul Solomon）先生通靈的特殊塔羅牌資料。

　　對於接下來要開始學習塔羅牌的人來說，這是一本正宗且充滿靈性的塔羅牌入門書，對於塔羅牌的專家而言，這是一本會帶來全新觀點的特別參考書，希望會對你的心靈成長有所幫助。

蘊藏人類智慧的塔羅牌

▲黃金黎明協會版塔羅牌
根據黃金黎明協會傳承的神祕塔羅牌草圖所創作的塔羅牌。由雷加迪（Regardie）出版。

▲托特（Thoth）版塔羅牌
由魔法師阿萊斯特·克勞利設計，弗里達·哈里斯（Frieda Harris）繪製的塔羅牌。以黃金黎明協會神祕哲學系統為起點。

監修者吉田 Luna 的話

　　從小我就非常喜歡神祕的東西，被塔羅牌的神祕圖案深深吸引，沉迷其中。有一次，我想知道「這些牌的背後都隱藏了什麼」，從此開始涉足神祕學，並接觸到占星術及猶太教的神祕哲學卡巴拉。當我學習占星術及卡巴拉後再見到塔羅牌時，才得以對從未留意到的塔羅牌，有了深入的研究。

　　塔羅牌占卜，是一種了解無形心靈世界十分有用的工具。命由心生。接受並理解創造命運的心靈之後，你就能改變你的命運。

　　我在撰寫本書《拓展你的塔羅視野！塔羅牌解讀技巧與牌陣祕訣再升級》之際，也進一步結合了社會現狀，重返原點再次斟酌每一個用詞。而且我確信，這將會是一本能夠理解並解讀塔羅牌中深奧涵義的書。

　　塔羅牌一定會給你啟示，引導你擁有更美好的人生。如果你能為了自己、為了對方，善用塔羅牌這樣工具讓人生過得更精采，我將備感榮幸。

With Love and Light, Luna Yoshida

在吉田Luna主持的魔法學校「Love and Light」裡，除了面對面占卜，還有塔羅牌、占星術及卡巴拉等教學課程，也有提供能量石等治療法、ILC（內光意識）等自我修養工作坊。

Love and Light
http://loveandlight21.jp

STAFF

● 監修
吉田 Luna

● 企劃・編輯
小橋 昭彦
片岡 れいこ（アトリエニコラ）

● 設計・攝影
片岡 れいこ（アトリエニコラ）

● 插圖
稲垣 麻里（アトリエニコラ）

● 助理
西谷 友宏

參考文獻 『カバラ入門』（出帆新社）ゼブ・ベン・シモン・ハレヴィ著　松本ひろみ譯

拓展你的塔羅視野
塔羅牌解讀技巧與牌陣祕訣再升級

出　　　　版／楓樹林出版事業有限公司
地　　　　址／新北市板橋區信義路163巷3號10樓
郵 政 劃 撥／19907596　楓書坊文化出版社
網　　　　址／www.maplebook.com.tw
電　　　　話／02-2957-6096
傳　　　　真／02-2957-6435
翻　　　　譯／蔡麗蓉
責 任 編 輯／周佳薇
內 文 排 版／楊雅屏
校　　　　對／周季瑩
港 澳 經 銷／泛華發行代理有限公司
定　　　　價／380元
初 版 日 期／2024年1月

國家圖書館出版品預行編目資料

拓展你的塔羅視野：塔羅牌解讀技巧與牌陣祕訣再升級／吉田Luna作；蔡麗蓉譯. -- 初版. -- 新北市：楓樹林出版事業有限公司, 2024.01　面；　公分

ISBN 978-626-7394-31-1（平裝）

1. 占卜

292.96　　　　　　　　　112020596